알기 쉬운

인도 신화

천축 기담 지음 | 김진희 옮김

CONTENTS

제2장 인도 신화에 나오는 신들 비슈누, 시바의 권속, 오래된 신…… 등 개성 넘치는 신들

인도의 신이 그려진 그림엽서나 포스터를 처음 보면 화려한 색감과 그림에서 느껴지는 강렬함에 압도되어 놀라는 사람이 많습니다. 실제로 저도 그랬습니다. 얼굴이 여러 개 달려 있기도 하고, 팔이 몇 개나 되기도 합니다. 잘린 머리를 든 푸른 피부의 여신을 보았을 때는 정말로 여신이 맞나 하고 의아하게 여겼을 정도입니다. 하지만 '어째서 여신들이 그런 모습을 하고 있는 걸까?' 하고 흥미를 갖고 이래저래 조사하는 사이에 신들의 이야기에 마음을 빼앗기고 말았습니다.

인도 신화는 고대 인도에서 신앙했던 브라만교와, 브라만교가 발전하여 성립된 힌두교 경전에 나오는 신들의 이야기입니다. 힌두교는 인도를 중심으로 남아시아 지역에서 신앙하며, 그리스도교와 이슬람교 다음으로 신자 수가 많은 종교입니다. 힌두교의 서사시 『라마야나』와 『마하바라타』는 종교와 상관없이 전 세계 사람들이 즐겨 읽습니다.

여러분 중에는 인도는 멀고 문화도 낯선 나라라고 생각하는 사람도 있을 것입니다. 하지만 실제로는 먼 옛날부터 우리와 인도는 깊게 연관되어왔습니다. 우리 삶에 깊이 침투되어 있는 불교는 본디 인도가 발상지입니다. 힌두교의 전신인 브라만교의 교의에 반대하며 석가가 창시한 종교가 불교입니다. 불교는 인도 신화에 나오는 신들을 다수 흡수하였습니다. 천부중이라 불리는 부처들은 천부=deva(신을 뜻하는 산스크리트어)에서 유래합니다. 제석천은 인드라, 변재천은 사라스바티, 길상천은 락슈미, 범천은 브라마, 대흑천은 시바 등 인도에서도 유명한 신들입니다. 그런 줄도 모르면서 그동안 인도의 신들에게 합장하고 기도했었다는 것을 알게 되었습니다.

인도 신화는 오랜 역사를 가지고 있습니다. 인도의 가장 오래된 경전『리그베다』로까지 거슬러 올라가죠. 브라만교는 인도를 침략한 아리아인의 종교로, 베다라는 경전을 중심으로 다양한 요소를 흡수하며 힌두교로 발전해 나갔습니다. 또 베다가 생겨나기 천 년도 전, 먼 옛날 인도에는 고도로 발전된 도시 문명이 있었습니다. 세계 4대 문명 중 하나인 인더스 문명입니다. 맥맥이 이어져 온 고대 사상도 인도 신화에 깊이 녹아 있습니다. 즉, 인도 신화란 인더스 문명부터 현대에 이르는 약 4500년의 긴 시간 동안 인도에서 전승되어온 신들 이야기의 집대성이라고 할 수 있습니다.

오늘날에도 살아 숨 쉬는 장대한 인도 신화에 조금은 흥미가 생기셨나요? 그럼 인도 신들의 심오한 세계를 저와 함께 엿보지 않으시겠습니까?

천축 기담 다키니

서장
인도 신화란
무엇인가?

인도 신화란?
힌두교에서 신앙하는 다채로운 신들

🖐 인도아대륙의 역사와 함께 발전한 힌두교 신들의 이야기

"인도 신화에 관심이 생겨 책을 읽어보았지만 인도 신의 성격은 복잡하고 이야기는 어려웠다", "신의 숫자가 너무 많다"는 이야기를 자주 듣는다. 확실히 인도 신은 이면성이 있고, 신화 속에 힌두교 교리와 철학이 담겨 있기 때문에 처음 접한 사람은 복잡하고 어렵다는 느낌을 받을 수 있다.

그렇다면 어째서 인도 신화는 이토록 복잡한 것일까? 먼저 인도 역사를 통해 인도 신화의 배경을 살펴보도록 하자.

인도 신화는 현재도 인도를 중심으로 남아시아 지역에서 신앙하는 힌두교 신들의 이야기이다. 힌두교는 다신교이다. 본래는 고대 인도에서 신앙한 브라만교였으나 시간이 흐르면서 힌두교로 발전하였다.

브라만교는 북서쪽에서 인도를 침입해 들어온 아리아인의 종교이며, 브라만(승려·사제 계급)을 정점으로 하는 계급 사회를 중심으로 발전하였다. 그 후 불교 등이 등장하면서 기세가 꺾였으나, 토착 요소를 계승하며 힌두교로 변모해 나갔다.

본서는 인도 신화와 인도 문화를 처음으로 접하는 독자를 위한

 힌두교는 그리스도교를 비롯한 일반적인 종교와 특징이 다르고, 정의하기도 어렵다. 창시자도 없고, 중심이 되는 인물도 조직도 없다. 인도에서 태어나는 것이 전제인 종교이기 때문이다.

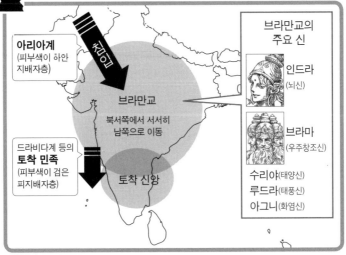

 인도 지도와 신 ~기원전 1500년경~

아리아계
(피부색이 하얀
지배자층)

침입

브라만교

북서쪽에서 서서히
남쪽으로 이동

드라비다계 등의
토착 민족
(피부색이 검은
피지배자층)

토착 신앙

**브라만교의
주요 신**

인드라(뇌신)

브라마(우주창조신)

수리야(태양신)
루드라(태풍신)
아그니(화염신)

입문서이다.

　브라만교 시대의 신과 힌두교 시대의 신을 구분하여 소개할 때
도 있겠으나, 신화 에피소드 자체에는 양쪽 모두 비슷한 존재가 등
장하므로, 본서의 목적상 명확하게 구분하지 않고 '이야기'로서 소
개하겠다.

　또 신의 이름이 나올 때는 되도록 설명도 함께 기재하겠으나, 제
2장의 신을 소개하는 페이지(67페이지)에 상세하게 기재해두었으므
로 이를 참고하며 읽길 바란다.

🖐 고대~브라만교 시대

　인더스 문명은 기원전 2500년경에 인더스강 지역을 중심으로 번영하였다. 인더스 문명은 구운 벽돌로 만들어진 고도의 계획도시로 유명하다. 유적에서는 소와 시바를 닮은 요가 포즈를 한 인물의 인장, 신관으로 추정되는 인물과 여신의 조각상이 발견되었다. 현시점에서는 인더스 문자가 해독되지 않은 상태이고, 인더스 문명 당시의 사람들이 어떤 종교를 믿었는지 밝혀지지 않았지만, 현재 인도 신의 근간이 된 신앙이 존재하였을 것으로 추정된다.

　그 후 기원전 1500년경에 북방에서 아리아인이 인도를 침입해 들어왔다. 이 아리아인들의 종교가 브라만교(브라마니즘)이었다. 그들은 브라만교로 토착인(비아리아계 민족)을 지배하였다. '브라만(승려 · 사제 계급), 크샤트리아(전사 · 왕족 계급), 바이샤(서민 계급), 수드라(노예 계급), 그 외'로 계급을 나누었고, 신분은 신화 내용에 근거하여 정해졌다. (16페이지와 34페이지 참고)

　계급에는 각각 역할이 있다. 브라만은 신의 말을 전한다. 크샤트리아는 브라만을 보호하고 나라를 수호한다. 평민인 바이샤는 농업과 상업에 종사하고, 수드라는 상위의 세 계급에 봉사한다. 신분은 자식과 손자한테 세습된다. 카스트 제도로 알려진 인도 고유의 신분 제도적 사고방식이 이 시대에 이미 형성되어 있던 것이다.

　피부색이 하얀 아리아인과 피부색이 검은 토착인의 피가 섞임으로 인해 자신들의 우월성이 붕괴될까 우려했던 것으로 추정되는데, 이 사상은 현대까지 이어져 내려오고 있다.

 브라만교 초기 시대에는 신상을 만들지 않았다. 그 후 마두라와 간다라에서 불교가 먼저 불상을 만들기 시작한다. 인도 신화의 신상은 비교적 늦은 시기에 등장한다. 기원후에 만들어진 것이 많다

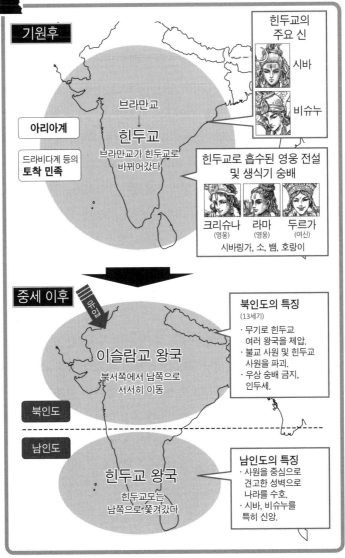

기원후

힌두교의
주요 신

시바

비슈누

브라만교
↓
힌두교

브라만교가 힌두교로
바뀌어갔다

아리아계

드라비다계 등의
토착 민족

힌두교로 흡수된 영웅 전설
및 생식기 숭배

크리슈나
(영웅)

라마
(영웅)

두르가
(여신)

시바링가, 소, 뱀, 호랑이

중세 이후

유입

이슬람교 왕국

북서쪽에서 남쪽으로
서서히 이동

북인도의 특징

(13세기)

·무기로 힌두교
여러 왕국을 제압.
·불교 사원 및 힌두교
사원을 파괴.
·우상 숭배 금지,
인두세.

북인도

남인도

힌두교 왕국

힌두교도는
남쪽으로 쫓겨갔다

남인도의 특징
·사원을 중심으로
견고한 성벽으로
나라를 수호.
·시바, 비슈누를
특히 신앙.

🖐 힌두교의 시대로

고대 인도에 있던 수많은 왕국은 브라만교를 보호하였다. 브라만을 보호하는 것이 크샤트리아인 왕족의 역할이었기 때문이다. 브라만들은 신에 대한 찬가인 베다를 읊으며 제사를 지냈고, 제식의 순서와 방식도 점점 고도로 정교화되었다.

하지만 제식에 집착하는 브라만교에 반기를 드는 자들이 등장한다. 기원전 5세기경에 생겨난 불교는 샤카족의 왕자 석가(고타마 싯다르타)가 창시한 종교이다. 그 밖에도 극단적으로 살생을 금하는 자이나교 등, 이 시기에 많은 사상이 생겨났다. 불교를 보호하는 왕국도 나타났고, 브라만교는 궁지에 몰렸다. 특히 기원전 3세기경에 인도를 처음으로 통일한 북인도 마우리아 왕조의 아소카왕은 불교를 깊이 신앙하여 정치에까지 불교적 사고방식을 도입하였다.

주변 환경에 압도된 브라만교의 중심 세력은 자신들의 신뿐 아니라 본래 인도에서 신앙하던 토지와 신, 인기 있는 영웅들의 이야기, 타 종교의 사상을 자신들의 경전에 흡수해 나가기 시작한다.

인도의 2대 서사시 『라마야나』와 『마하바라타』는 이 시대에 이미 어느 정도 형태가 잡혀 있었는데, 두 서사시 모두 고대 왕국의 영웅담으로서 널리 사랑받았을 것으로 추정된다. 구두 전승되던 서사시가 문장의 형태로 정리된 것은 기원전 4세기에서 기원후 4세기 무렵인데, 이는 힌두교가 형성된 과도기와 시기적으로 겹쳐진다.

 경전 대부분은 몇백 년에 걸쳐서 통합 정리되었으므로 오늘날 우리가 읽는 경전과 서사시 이야기에는 다양한 에피소드가 추가되었다고 생각하는 게 좋다. 앞뒤가 맞지 않거나 통일성이 없는 게 당연하다.

브라만교는 다른 신들의 이야기를 흡수하였고, "사실 이 신은 브라만교의 신과 같은 신이다"라고 설명하였다. "영웅 크리슈나는 사실 비슈누가 인산 세계에 환생한 모습이나", "이 땅의 여신은 사실 시바의 아내이다"라며 신화로 설명하였고, 베다 이외의 새로운 경전도 만들어냈다. 브라만교에 반대한 석가도 비슈누의 화신이라고 말하였을 정도이다(단, 베다를 믿지 않는 무법자와 마신을 제거하는 역할로서).

이처럼 브라만교는 정해진 신분 제도와 전통은 그대로 유지한 채, 다양한 요소를 받아들이며 발전을 계속하여 힌두교로 변화해 나갔다. 힌두교는 '인도교'라는 뜻이기도 하다. 아리아인의 종교였던 브라만교가 인도 지역에 뿌리를 내린 민족 종교로 변화해 나간 것이다.

5세기부터 12세기까지 힌두교는 전성기를 구가한다. 산스크리트 문학과 신에 대한 찬가를 정리한 경전이 다수 만들어졌고, 인도 문화는 힌두교를 중심으로 성숙하였다.

🤚 이슬람 왕조의 시대

그 후 힌두교 왕국은 무슬림(이슬람교도)의 압력으로 인해 갈림길에 서게 된다. 북서쪽에서 침략해 들어온 그들은 압도적인 기동력으로 힌두교 왕국을 멸망시키며 세력을 넓혀나갔다. 13세기 초반에 현재의 인도 수도인 델리 근교를 중심으로 델리 술탄 왕조라 불

무굴 제국의 제3대 황제 악바르는 이슬람교 외의 다른 종교에도 비교적 관용적이었다. 힌두교도를 믿는 라지푸트족의 공주를 왕비로 맞이하였고, 서사시도 페르시아어로 번역되었다.

리는 일련의 왕조가 등장하였다. 이슬람교에서는 우상 숭배를 금지해서, 이 시대에 북인도에 있던 힌두교 사원과 불교 사원을 비롯한 다수의 건축물이 파괴된다.

그리고 결국 16세기에 이르러 무슬림 왕조인 무굴 제국이 북인도를 장악한다. 무굴 제국은 인도의 여러 왕국을 차례로 정복해 나갔는데, 그중에는 인도의 대다수를 점하는 힌두교도의 반발을 막기 위해 일부의 세금을 폐지하고 힌두교 왕국의 공주를 왕비로 맞이하는 등, 융화를 꾀한 왕도 있었다. 그래서 이 시대에는 힌두교와 이슬람교가 융합된 건축물과 예술이 꽃을 피운다. 흰 대리석으로 유명한 타지마할은 무굴 제국 시대에 건축된 이슬람교 사당이다. 그 후 무굴 제국은 17세기 말까지 인도의 거의 전역을 지배한다.

또 남인도에는 고대부터 힌두교 왕국이 자리 잡고 있었다. 남인도의 여러 왕국은 로마와 동남아시아와 중국 등의 외국과 무역을 하여 부를 쌓고 번영하였다. 8세기부터 11세기까지는 거대한 사원도 다수 건축되었고, 산스크리트어 문학뿐 아니라 타밀어, 텔루구어, 칸나다어 문학도 발전하였다. 그 후 북방 무슬림 왕국을 경계한 그들은 외부 습격에 대비하여 거대한 성벽을 갖춘 성시(城市)를 조성하고, 힌두교 신에 대한 신앙을 더욱 강화해 나갔다.

인도를 '북인도'와 '남인도'로 나누어 설명하기도 하는데, 이처럼 인도 북부와 남부의 문화가 서로 다르기 때문이다. 북인도는 무슬림의 영향을 받았고, 남인도는 힌두교 문화의 색채가 훨씬 짙다.

🖐 영국 통치 시대에서 현대까지

무굴 제국의 힘이 약화되자 19세기에는 영국이 인도를 지배한다. 인도에서 영어가 통용되는 것도 영국 통치 시대의 흔적이다. 영국을 통해 다양한 사상이 유입되었지만, 힌두교도의 일상에는 신이 존재하였고 결코 사라지지 않았다. 독립운동 때도 신을 믿는 신앙이 중요한 역할을 하였다.

현재도 경건한 힌두교도는 집에 마련해둔 제단에 공양물을 올리고 신에게 기도한다. 모시는 신은 비슈누와 시바를 중심으로 서사시의 영웅 크리슈나, 재물의 신 가네샤, 『리그베다』에도 등장하는 학문의 여신 사라스바티 등 다양하다. 역사의 흐름을 거스르며 신은 인간에게 계속 신봉되고 있다.

인더스 문명부터 현대에 이르기까지 정신이 아찔해지는 긴 시간 동안 인도의 신은 인도라는 땅을 지켜보았다고 할 수 있다.

 인도는 지방마다 언어가 달라서 지폐에 17종류의 언어가 쓰여 있을 정도이다. 옛날에는 언어가 달라서 서로 막이 통하지 않았지만 영어가 공용어가 되고 의사소통이 꽤 편해졌다.

인도 문화권과 신분 제도인 '카스트 제도'

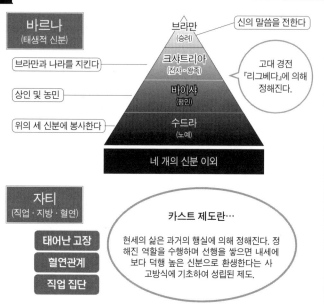

카스트 제도는 '색'을 상징하는 네 개의 신분 '바르나'와, 태어난 지역과 직업 종류에 의해 정해지는 '자티'가 합쳐진 신분 제도이다. 현재, 카스트 제도는 법률로 금지된 상태이며, 카스트에 따른 차별은 처벌 대상이다. 하지만 카스트는 종교와 밀접하게 얽혀 있어 사람들의 의식 속에 여전히 뿌리 깊게 남아 있다. 『마누 법전』에 따르면 다른 계층 간의 결혼은 인정되지 않으며, 태어난 아이는 잡종으로서 신분 제도 밖에 속하게 된다. 특히 노예인 수드라와 결혼하는 것을 엄하게 금하였다. 브라만과 수드라 사이에서 태어난 아이는 '찬달라'로 부르며 부정한 아이로 취급하였다. 또 남성보다 여성의 신분이 높은 결혼은 '프라틸로마'라고 부르며 절대로 용납하지 않았다. 반대로 남성의 신분이 높은 경우는 허용하기도 하였다. 물론 다른 바르나끼리 결혼하는 사례는 많았을 것이고, 그렇기 때문에 이런 규정까지 생긴 것이겠지만, 고대의 이러한 사상이 현대까지 계속되고 있다는 점이 흥미롭다.

인도 신화의 경전
「베다」와 서사시

🖐 힌두교 경전에 등장하는 인도의 신들

인도 신화는 힌두교 경전에 나오는 신들의 이야기이다. 그럼 경전에는 어떤 종류가 있는지 살펴보도록 하자.

먼저 가장 기본이 되는 경전은 브라만교의 경전 「베다」이다. 베다는 신의 계시를 담은 경전(슈루티)이다. 인간이 만든 게 아니라 신이 내려준 경전이라고 생각한다. 그래서 베다는 브라만 스승으로부터 구두 전승으로 대대로 전해지며, 제자는 발음을 비롯하여 모든 것을 완벽하게 암기해야 한다. 가장 중요한 베다에는 네 종류가 있는데, 삼히타(본체 부분)라 부르며 현재도 소중히 여긴다. 가장 오래된 베다인 『리그베다』에는 신에 대한 찬가가, 『사마베다』에는 찬가의 영창 방법이, 『야주르베다』에는 제사 때 읊는 말들의 뜻이, 『아타르바베다』에는 주법과 의술 등이 정리되어 있다. 이들은 모두 브라만이 신에게 제사를 올릴 때 필요한 노래와 제의 방법 등을 담고 있다. 초기에는 브라만이 아닌 자, 특히 신분이 낮은 자는 베다를 읊는 것조차 허락되지 않았다.

그 후 4대 베다의 내용을 바탕으로 다양한 해석을 정리해놓은 부속서가 다수 집필되었다. 브라마나(제의서), 아라냐카(삼림서), 우

경진에는 두 가지 종류가 있다. 하나는 신으로부터 받은 친계 성전 '슈루티'로 베다기 이에 속힌디. 디른 히니는 선선(聖仙)들이 쓴 '스므리티'이머 서시시외 미누 법전 등이 이에 속한다.

정통 힌두교란?

브라만교 경전인 4대 베다와 서사시 에피소드에서 파생된 경전은 '정통 힌두교'의 흐름을 계승한다. 하지만 그중에는 당시에 '정통'으로 인정되지 않은 경전도 있다. 애당초 4대 경전도 옛날에는 세 개였다. 비(非) 아리아적이며 주술적인 요소가 강한 『아타르바베다』는 나중에 추가된 것이고, 오늘날에 인기가 많은 시바와 두르가, 칼리, 크리슈나도 '정통'이 아닌 토착신과 영웅들이다. 당시에는 '정통'이 아니었더라도 몇백 년, 몇천 년이 흐르면 '정통'이 되는 법이다. 배제뿐 아니라 흡수도 하는 힌두교의 복잡함이 여기에 있다.

파니샤드(오의서) 등으로 분류되며, 후기에 등장한 우파니샤드에는 인도 철학 사상 및 시바와 비슈누 이야기가 담겨 있다.

다음으로 중요한 것은 서사시 『라마야나』와 『마하바라타』이다. 전사 계층 크샤트리아가 주인공인 영웅 이야기이며, 작중에는 베다에 등장하는 신들의 이야기가 잔뜩 실려 있는데, 서민이 즐길 만한 문학으로서 인도 전역에 퍼져나갔다.

힌두교 왕조가 융성한 시대에는 각각의 신에 대한 찬가와 이야기를 정리해놓은 '푸라나 문헌'이라는 경전들이 등장하였다. 푸라나 문헌은 '제5의 베다'로 일컬어지며 힌두교의 중핵을 이룬다. 『비슈누 푸라나』, 『시바 푸라나』, 『바가바타 푸라나』, 여신의 위대함을 찬양하는 『데비 마하트마』 등, 신의 숫자보다 더 많다고 해도 과언이 아니다.

이 시기에는 산스크리트 문학이 개화하여, 서양에도 영향을 끼친 『샤쿤탈라』 등의 문학 작품이 다수 등장한다. 크리슈나와 그의 연인 라다의 관능적인 사랑 이야기를 그린 서정시 『기타고빈다』는 12세기경의 작품이지만, 역시 신화를 제재로 한 이야기로서 현재에도 많은 사람에게 사랑받고 있다.

너무 많아 깜짝 놀랐겠지만, 그렇다고 어렵게 생각할 필요는 없다. 경전 대부분은 베다와 서사시를 기본으로 하고, 나중에 제작된 경전은 대개 저마다의 스타일로 이야기를 발전시킨 것이다. 대부분 경전은 "신을 사랑합니다!"라는 신에 대한 찬가이거나 혹은 이 세상이 어떻게 성립되었는가를 신화적으로 설명한 것이다. 신과 관련된 에피소드만 이것저것 읽다 보면 혼란스러울 수 있지만, 인도 신화는 무수한 경전에 쓰여 있다는 것 그리고 편찬된 시대와 장소와 사상이 다 다르다는 것을 알면 그나마 이해하기 쉬울 것이다.

 고대 의학 『아유르베다』는 『아타르바베다』에서 파생된 전통 의학이다. 일시적으로 폐지된 적도 있으나 현대에 다시 부활하였다. 아유르베다 이사가 되기 위해서는 국가 자격을 취득해야 한다.

인도 신화의 경전 리스트

※대략적인 분류는 권두의 도표 '인도 신화의 역사와 문헌'을 참고하길 바란다.

종류	타이틀	내용
4대 베다	리그베다 (B.C.12~B.C.8경)	인드라 만세! 아그니 만세! 고대 신에 대한 찬가.
	사마베다 (B.C.12~B.C.8경)	제식을 행하는 승려를 위한 의식 방법 등.
	야주르베다 (B.C.12~B.C.8경)	제식 때 베다를 읊는 방법 등.
	아타르바베다 (B.C.12~B.C.8경)	주술과 의술. 비아리아계 민족의 지식도 포함되어 있다.
베다의 부속서	브라마나 (B.C.8경)	제의서. 베다 제식에 관한 설명.
	아라냐카 (B.C.6경)	삼림서. 제사 설명과 오의, 철학적인 내용.
	우파니샤드 (B.C.5 전후)	오의서. 별칭 『베단타』. 철학적인 내용, 명상과 요가 방법, 시바와 비슈누의 신화 등.
서사시	라마야나 (B.C.4~4세기경)	코살라국의 라마 왕자가 마왕 라바나를 무찌르는 이야기. 성선 발미키 저.
	마하바라타 (B.C.4~4세기경)	바라타 왕의 자손, 쿠르족의 왕위 계승 다툼을 다룬 이야기. 성선 비야사 저.
푸라나 문헌	비슈누 푸라나 (4~14세기경)	비슈누파의 경전
	시바 푸라나 (4~14세기경)	시바파의 경전
	바가바타 푸라나 (4~14세기경)	『마하바라타』의 뒷이야기와 크리슈나 신화가 중심.
	데비 마하트마 (8세기경)	『마르칸데야 푸라나』의 일부. 여신 신앙 경전.
생활 규범 및 학술론 등	마누스므리티 (B.C.2~2세기경)	『마누 법전』. 우주의 성립, 브라만의 규범과 법률, 결혼 제도 와 신분 제도를 규정한다.
	아르타샤스트라 (B.C.4~3세기경)	『실리론』. 국가 관리 방법. 정치와 국방, 이익, 스파이의 역 할 등. 카우틸랴 저.
	카마수트라 (4~5세기경)	올바른 결혼, 성교 방법, 이성을 유혹하는 법, 주술 등. 바츠 야야나 저.
	나티야샤스트라 (3세기경)	무용론. 춤의 포즈와 노래에 관한 규정. 성선 바라타 저.
희곡 및 연애 서정시 등	샤쿤탈라 (4~5세기경)	샤쿤탈라 왕녀의 이야기. 괴테의 『파우스트』에도 영향을 끼 쳤다. 칼리다사 저.
	기타고빈다 (12세기경)	크리슈나와 라다의 사랑 이야기를 엮은 시. 선정적이며 에 로틱한 내용 속에 크리슈나 신앙이 담겨 있다. 자야데바 저.

※베다는 4대 베다와 각각에 부속하는 경전을 말한다.
※푸라나 문헌은 제5 베다로도 불리며, 대(大) 푸라나는 18종이고, 부(副) 푸라나까지 포함하면 그 수는 더욱 방대해
진다.

인도 신화의 특징
이해를 돕는 8가지 포인트

👆 기억해두면 인도 신화를 이해하는 데 도움이 되는 포인트!

포인트 1 좋아하는 신을 찬양하는 경전

앞서 말한 바와 같이 신에 관한 이야기를 담고 있는 경전은 셀수 없이 많다. 그렇다면 각 경전에는 서로 어떤 차이가 있을까?

경전에는 신에 대한 찬가와 신의 위대함을 칭송하는 일화가 자주 등장한다. 하지만 모든 신을 골고루 다루지는 않는다. 해당 경전이 특히 '추천하는' 신이 가장 중시된다. 이는 경전 편찬자가 어떤 신을 좋아하느냐에 따라서 내용이 달라지기 때문이다. 또 '편찬자가 추천하는 신'이 하나가 아니라 여럿일 때도 있다.

브라만교 시대의 경전 『리그베다』에서 가장 중시하는 신은 군신 인드라이다. 신들에게 공양물을 운반하는 불의 신 아그니도 인기가 많다. 힌두교 시대에 편찬된 경전에서는 사정이 좀 달라진다. 비슈누를 찬양하는 『비슈누 푸라나』에서는 비슈누가 우주의 중심이라고 설파하고, 시바를 찬양하는 『시바 푸라나』와 『링가 푸라나』에는 시바가 가장 멋진 신이라고 적혀 있다.

이들 푸라나 문헌에서는 근간인 『리그베다』와 서사시 이야기를 많이 다루는데, 해당 문헌의 주인공 신이 가장 멋지게 표현되게끔

 경전이 셀 수 없이 많은 것은, 어떤 신을 좋아하느냐에 따라서 베다와 서사시에 나오는 유명한 우리지녁 에피소드에 대한 해설이 달라지는데 이러한 다양한 해설이 모두 살아남아 받아들여지고 있기 때문이라고 생각하면 몹시 흥미롭다.

인도 신화와 저주 이야기

인도 신화에서는 저주에 걸려 모습이 바뀌거나 지독한 꼴을 당하는 사람 이야기가 많이 나온다. 신뿐만 아니라 성선과 브라만, 왕족 등도 저주를 건다. 저주에 걸려 어쩔 수 없이 추한 행실을 하는 자도 있고, 실수로 성선에게 실례를 범하는 바람에 저주에 걸려 죽는 불쌍한 자도 있다. 한 번 저주를 걸면 취소할 수 없지만, 저주 위에 저주를 덧씌우는 것은 가능하다. 저주에 걸려 마물로 변하였을 때 "이러이러한 조건이 되면 저주가 풀리니 그때까지 기다리도록!" 하는 식의 추가 조건을 걸면 나중에 구원받기도 한다. 고대에는 저주가 일상이었는지, 주술이 가득 담겨 있는 네 번째 베다 『아타르바베다』에는 저주를 되받아칠 수 있는 주문이 실려 있다.

결말을 변경해놓은 문헌도 있다. 이는 "멋대로 스토리를 바꾸어놨어!"라며 흠잡을 요소가 아니다. 애정 가는 신을 찬양하고 싶어서 다소 변경한 것뿐이다.

힌두교에서는 어느 신을 신앙하는가에 따라서 종파가 형성된다. 예를 들어 시바를 신앙하는 시바파, 비슈누를 최고로 여기는 비슈누파로 나뉘며, 또 해당 종파 안에서도 각각의 교의에 따라서 더욱 세밀하게 분류된다. 경전을 정리할 때는, 이 경전은 어떤 신을 주인공으로 삼고 있는가, 어떤 교의를 담고 있는가를 알기 쉽도록 정리하는 것이 무척 중요하다.

그러나 다양한 패턴의 이야기를 배제하지 않고 모두 받아들이는 것이 힌두교의 특징이기도 하다.

포인트2 시대와 경전에 따라서 신의 역할이 변한다

앞서 살펴본 바와 같이 경전에 따라서 동일한 에피소드라도 결말이 다른데, 이와 마찬가지로 등장하는 신의 역할과 성격도 크게 바뀌는 경우가 있다.

예를 들어 군신 인드라를 살펴보자. 『리그베다』는 아리아인의 신 인드라를 추앙하고 '신들의 왕'으로 숭배한다. 인드라는 천공을 달리는 뇌신이고, 가뭄을 일으킨 마신 브리트라를 무찔러 비를 내리게 한 영웅이다.

한편 후세의 경전이자 비슈누가 주인공인 푸라나 문헌에서는 인드라가 전쟁이 두려워 숨기도 하고, 『리그베다』에서 인드라가 행한 악마 퇴치도 사실은 비슈누의 힘을 빌려서 한 것이었다며 비슈누의 공적으로 돌린다. 또 『마하바라타』에 나오는 에피소드에서는 시바의 아들 스칸다(쿠마라)에게 장군의 지위를 물려주고, 양녀 데바세나와 결혼시킨다.

이와 같은 일이 다른 신들에게도 곧잘 일어난다. 이러는 이유는 **과거에 숭배한 신의 지위를 낮춤으로써 새로운 경전에 나오는 신이 더 훌륭하다고 주장하기 위함이다.** '자신이 주인공으로 삼고자 하는 신'이 누구인가에 따라서 다른 신의 역할을 바꾸어놓기도 하는 것이 인도 신화이다.

신화에 등장하는 마물은 아수라와 락샤사가 다가 아니다. 토착 요소가 강한 마물도 많다. 어렵 부타, 사령 프레타, 산 자아 죽은 자의 산은 머늘 피사카 등은 사람에게 해를 가한다.

마신족 아수라

마신족 아수라(Asura)를 동양에서는 한자를
이용하여 阿修羅라고 표기한다. 힌두교에
서는 신을 적대시하는 종족인데, 불교에 흡
수된 후 불교의 수호자가 된다. 일본에서는
아수라라고 하면 고후쿠지(興福寺)에 있는
나라 시대의 보물 '아수라상'이 유명하다.
근심 어린 표정을 짓고 있는 잘생긴 이 불
상이 바로 그 아수라이다.
본디 데바와 아수라 모두 인도와 이란에서
아리아인이 신앙하던 신인데, 인도에서 데
바는 신족이 되고 아수라는 마족이 되었다.

고후쿠지의 아수라상

포인트3 신족과 마신족은 가까운 존재였다

　인도 신화에 등장하는 마신족(아수라)은 신을 적대시하는 존재로
묘사된다. 신족(데바) 대 마신족(아수라)의 대결 구도라고 할 수 있다.

　하지만 초기에 마신족은 신족이 타도해야 하는 절대적인 악이
아니었다. 경우에 따라서는 협력하기도 하는, 그저 신족과는 다른
종족이었다. 양자의 관계는 아리아인과 비아리아 계열 토착인의
싸움과 관련된다는 설이 있다. 힌두교 시대가 되면 마신족은 악
으로 치부되고, 신이 무찔러야 마땅한 존재로 변화한다. 마신들은
신들과 대등하거나 혹은 그 이상의 힘을 가지고 있다.

　마신 중에 무척 덕이 높고 훌륭한 왕이 있기도 하고, 때때로 신
이 마신을 속이기도 한다. 전쟁에서 진 마신족은 불사의 힘을 얻
지 못해 땅속에서 살게 된다.

　신족과 마신족이 가까운 이유는 기원을 더듬어 올라가면 창조신

브라마가 시조이기 때문이다. 브라마의 자식인 대 현자 카샤파는 세계의 창조를 관장하는 조물주 프라자파티의 한 명이자 마신족의 시소이기도 하다.

또 마신족과는 다른 락샤사족(나찰)이라는 종족도 있다. 이들은 지상에 살며 인간과 적대하는 경우가 많은데, 역시 브라마의 피를 이어받았다. 라마 왕자의 적인 마왕 라바나는 천계를 위협할 정도의 힘을 지닌 락샤사족의 왕인데, 라바나의 증조부(혹은 조부)가 브라마이다.

■■■■ 포인트4 ｜ 관능적인 이야기가 많다

인도 신화에는 리얼하고 에로틱한 소재가 다수 포함되어 있다. 불의 신 아그니를 사랑한 여성이 아그니가 사모하는 사람으로 변신하여 성교를 나누고 정액을 훔치는 이야기, 부부 금슬이 지나치게 좋아 침실에 한 번 들어가면 수백 년간 나오질 않아서 방문객을 질리게 하였다는 시바와 파르바티의 이야기 등이 대표적이다. 인간과 마찬가지로 신들을 욕망에 충실한 생동감 넘치는 모습으로 묘사한다.

인도에서는 고대부터 다르마(법·덕·정의), 아르타(실리·부), 카마(사랑)를 인생의 목적으로 삼으라고 가르쳤다. 다르마는 법률과 생활 규범, 아르타는 경제 활동, 그리고 카마는 말 그대로 '사랑'이다. 인도에서는 법과 경제와 마찬가지로 남녀의 올바른 교제 방법과 부부 관계도 상세하게 연구하였다.

고대에는 인간의 수명이 지금보다 짧았다. 인도처럼 특히나 가혹한 자연환경에서는 자손을 남기는 것이 가장 중요한 과제였다. 『카마수트라』 등에 나오는 성애학은 상류 계급 남녀가 알아야 하는 기본 소양으로 여겨졌다.

포인트5 신과 인간의 거리가 가깝다

인도 신화에서 신은 천계에서 인간의 모습을 그저 내려다보기만 하지 않는다. 지상에서 벌어지는 사건에 어떤 식으로든 참견한다. 신은 신을 열심히 찬양하는 수행자의 소원을 이루어준다. 이때 수행자는 인간이든 마물이든 신이든 상관없다. 신이 보기에 소원에 부합하는 고행을 하였다는 생각이 들면 설령 마신이더라도 소원을 들어주었다.

브라만은 의식을 행하고 신에게 소원을 전달하는 것이 일이다. 브라만은 신들에게 명령할 수 있고 천계도 움직일 수 있음을 신화의 형태로 기술하고 싶었던 듯하다.

또 세계의 유지신 비슈누는 세상이 혼란에 빠지면 스스로 환생하여 세상을 구제한다. 이 모습을 '화신(아바타라)'이라고 한다.

예를 들어 비슈누는 랑카섬에 사는 마왕 라바나가 세력을 키워 세상이 위험에 처하자 코살라국의 라마 왕자로 환생하여 마왕을 무찌른다. 라마 왕자는 『라마야나』의 주인공이다. 또 어느 때는 야다바족의 크리슈나로 환생한다. 크리슈나는 『마하바라타』에서 영웅으로 등장하는 주인공 다섯 왕자의 좋은 벗으로 등장한다.

포인트6 브라만 지상주의

힌두교 경전의 기본 전제는 브라만이 최상위의 존재라는 것이다. 어떤 위대한 왕족(크샤트리아)보다도 브라만이 존귀하다. 그래서 신화 중에는 브라만이 얼마나 위대한지를 설명하는 이야기가 많다.

 고대에 브라만은 기본적으로 생산활동을 하지 않았다. 브라만에게 보시하는 것은 덕행이 높은 행위로서 장려되었고, 훌륭한 것을 보시한 왕은 경전 속에서 칭송되었다.

'화신' 아바타라란?

SNS와 게임, 인터넷 등에서 별다른 의식 없이 사용하는 '아바타'라는 말이 있다. 실은 이 말의 어원은 화신 '아바타라(avatāra)'이다. 제임스 카메론 감독이 제작한 『아바타』라는 영화도 있는데, 다른 세계에서 다른 몸으로 환생한 자가 세계를 구한다는 설정은 어쩌면 인류가 공통적으로 품고 있는 소망인지도 모르겠다. 그렇게 생각하였을 때 최근에 영화와 애니메이션, 라이트노벨에서 유행 중인 '이세계 환생물'도 다른 세계에서 다른 모습을 하고 활약한다는 점에서 이야기 주인공들은 비슈누와 마찬가지로 아바타라라고 할 수 있다. 현대의 새로운 신화로서 이세계에서 모험하는 이야기가 사람들을 열광시키는 듯하다.

브라만은 제사를 통해 신과 인간을 잇는 역할을 한다. 브라만이 베다에 따라서 의식을 정확하게 행하지 않으면 자연의 조화가 흐트러진다. 또 공양물이 천계에 닿지 않아서 신을 노하게 하면 큰일이 벌어진다. 브라만이 공양물을 불로 태우고 신으로부터 받은 베다를 읊음으로써 천계에 사는 신들의 힘을 컨트롤할 수 있다고 믿었다.

브라만 입장에서 보면 브라만이 천대받는 세상은 말세나 다름없다. 이러한 세상의 종말인 '칼리유가 시기'가 되면 브라만은 올바르게 제사를 지내지 않고, 사람들은 신앙심이 옅어지고, 악이 횡행하여 세상이 멸망한다고 한다.

비슈누의 제10 화신 칼키는 질서 있는 브라만의 세계를 회복하기 위해 칼키유가 시기에 나타난다. 또 브라만을 죽인 크샤트리아들을 21번이나 섬멸하였다는 파라슈라마도 비슈누의 제6 화신이다.

포인트7 신과 대등한 성선

신화에 종종 신과 대등하거나 혹은 그 이상의 힘을 지닌 '성선(리시)'이라는 선인이 등장한다. 본래 성선이란 수행하여 덕과 신통력을 얻은 자이다. '신들의 왕'으로 불리는 인드라조차 성선의 힘이 두려워 그들이 힘을 비축하지 못하도록 수행을 방해한다. 그중에서도 창조신 브라마가 낳은 칠성선(사프타리시)은 특별히 대성선(大聖仙)이라고 부른다. 그들은 조물주 프라자파티이자 신과 마족의 시조로서 다양한 경전에 등장한다.

경전에는 칠성선 이외에도 신의 혈통과 왕가의 혈통을 이은 자도 등장한다. 브라만 출신일 경우에는 성선이라고 부르고, 크샤트리아 출신일 경우에는 왕선(王仙)이라고 불러서 구분한다. 모두 깊은 산속이나 황량한 들판에서 힘든 수행을 하여 신통력을 얻은 자들이다.

성선은 놀랄 만큼 오래 살고, 천계와 지상계를 비롯하여 세계 어디든지 오갈 수 있으며, 사람들에게 지혜를 일러준다. 괴팍한 자도 있기 때문에 실수로 성선을 화나게 하였다간 저주에 걸릴 수 있다. 설령 신이라고 해도 성선의 저주는 피할 수 없다. 또 한 번 저주에 걸리면 어지간해서는 풀리지 않는다. 참고로, 저주받은 상태

대성선은 일곱 명이라는 말도 있고, 여덟 명 또는 아홉 명이라는 말도 있다. 경전에 따라서 주장이 다르다. 카샤파의 아내 디티한테서는 마신들이 태어났고, 다크샤의 딸은 신과 성선들에게 시집가서 나가족과 가루다의 어머니가 되었다.

에 추가로 저주를 덧씌우는 것은 가능하다.

포인트8 생과 사, 창조와 파괴는 서로 이웃한다

인도 신화에서는 이 세계가 발생과 소멸, 창조와 파괴를 여러 번 반복한다고 생각한다. 과거에서 미래를 향하여 한 줄기의 시간 축으로 진행되는 세계가 아니다. **세계의 창조신 브라마의 하루마다 세계가 창조되고 하루가 끝날 때 일시적으로 세계가 멸망한다.**

세계를 유지하기 위해 인간계에 내려오는 비슈누도 최종적으로는 칼키라는 제10의 화신이 되어 이 세상을 파괴하고 새로운 세계를 창조한다. 또 시바는 인간의 소원을 듣고 은혜를 베푸는 자비로운 일면도 가지고 있지만, 때가 되면 이 세계를 파괴한다. 시바가 '탄다바'라는 춤을 추면 세계가 파괴되고 재생된다. 신들의 이러한 세계 파괴 행위는 창조를 위한 파괴라고 할 수 있다.

죽음과 파괴 자체를 이미지화한 신도 있다. 시바의 아내 중 한 명인 여신 차문다는 죽음을 관장하고 묘지에서 송장을 먹는, 여신이라는 이미지하고는 상당히 먼 모습을 보인다. 그 밖에도 마리암만과 마나사 등 천연두와 역병, 독사가 신격화된 토착 여신도 있다. 그녀들은 무척 두려운 존재지만, 공손하게 예를 다하면 재액을 피할 수 있다.

소원을 비는 자에게 행복을 내려주면서도 세계를 무(無)로 되돌리는 데 주저함이 없는 신. 이는 그야말로 자연의 냉혹함과 두려움을 상징하는 듯하다.

연애 이야기의 원조 『샤쿤탈라』

샤쿤탈라(라자 라비 바르마 그림)

　서양에도 소개되어 괴테와 슈베르트에게 영향을 끼친 것으로 유명한 『샤쿤탈라』는 『마하바라타』에 나오는 에피소드를 5세기경에 극작가 칼리다사가 희곡으로 만든 것이다. 아름다운 샤쿤탈라와 그녀를 사랑한 왕의 로맨스를 담고 있다. 어느 날 두샨타 왕은 숲에서 샤쿤탈라 공주를 만난다. 두 사람은 사랑에 빠져 정을 나누었지만, 왕은 갑자기 성으로 돌아가게 되었고, 약속의 증표로 자신의 반지를 샤쿤탈라에게 주고 숲을 떠났다. 샤쿤탈라는 왕이 돌아오지 않자 직접 만나러 나섰는데, 가는 길에 증표인 반지를 잃어버린다. 그래도 성으로 갔지만, 왕에게 "나는 이런 여자를 모른다!"는 지독한 말을 듣고 만다. 왕은 저주에 걸려 샤쿤탈라를 새까맣게 잊은 것이다. 그 후 이런저런 과정을 거쳐 왕은 저주에서 풀렸고 이야기는 해피엔딩을 향해서 나아간다. 『마하바라타』보다 칼리다사의 희곡이 '저주에 의한 기억 상실', '약속의 증표인 반지' 등, 장치들이 드라마틱하다. 기억 상실 로맨스물의 원점이라고 할 수 있지 않을까? 참고로 두 사람이 낳은 아들이 바라타이다. 즉, 『마하바라타』 주인공들의 선조인 위대한 바라타 왕이다.

제1장
인도 신화의 세계관

파괴와 재생을 반복하는
장대한 우주 창조

세계의 성립
인도 신화가 설명하는 우주의 구성

🖐 우주 창조에 얽힌 네 가지 이야기

고대부터 사람들은 세계가 어떻게 생겨났는지를 신화로 설명하였다. 이번에는 인도 신화가 이야기하는 세계의 형태에 대해서 소개하겠다.

이야기1 원초의 물 이야기

먼저 '세계가 시작될 때 물이 있었다'는 말로 시작되는 세 가지 이야기를 소개하겠다.

(1) 우주의 시작에는 원초의 물이 있었다

『리그베다』에 '원초의 세계는 물로 뒤덮여 있었다. 물은 이윽고 황금의 태아(히라냐가르바)를 잉태하였고 만물의 근원이 되었다'는 이야기가 나온다. 또 '이 세상의 시작에는 무(無)도 없고 유(有)도 없고 공(空)도 천계도 없었다'고 하는데, 물이 생겨났고, 유일한 진리가 생겨났으며, 남성적인 것과 여성적인 것으로 나뉘면서 창조가 시작되었다는 이야기도 나온다. 이 '물속에서 태어난 궁극의 존재'는 '우주의 근본 원리'이다.

우주 창조에 얽힌 네 가지 이야기

이야기1 원초의 물 이야기

세계의 시작은 '물'이라는 세 가지 신화

물
↓
만물의 근원

브라마

비슈누

이야기2 인류 창조 이야기

원인
푸루샤
↓
공양물로
희생

원인 푸루샤의 갈갈이 찢겨진 몸에서 세계와 사람들이 탄생. 카스트 제도도 설명.

이야기3 세계 창조 신화

브라마

브라마의 각성과 동시에 세계가 시작되고 수면과 동시에 종말을 맞이한다.

이야기4 세계를 파괴하는 것은 '시간'

산스크리트에서 '시간(칼라)=죽음·암흑'이다. 이 세계는 시작도 끝도 없이 영원히 반복된다.

시바의 별칭
'마하칼라'

비슈누의 별칭
'칼라'

(2) 브라마의 우주 창조

원초의 물 이야기는 그 후 '우주는 브라마가 창조하였다'는 이야기로 변한다.

'원초의 세계는 혼돈되어 있었다. 그러한 혼돈 속에서 원초의 물(나라)이 생겨났다. 물속에 씨를 뿌리자 씨는 빛나는 황금색 알(우주알)이 되었고, 알에서 브라마가 태어났다. 브라마는 알껍질의 상반신을 천계(天界)로, 하반신을 지계(地界)로, 중간을 공계(空界)로 하는 삼계를 만들어냈고, 온갖 생명과 세계를 창조하였다.'

 거인 푸루샤를 희생시켰을 때 『리그베다』, 『사마베다』, 『야주르베다』의 3대 베다가 탄생한다. 그리고 『아타르바베다』는 나중에 추가된다.

(3)비슈누의 우주 창조

비슈누파 신화에서는 '사실 우주를 창조한 브라마는 비슈누가 창조하였다'라고 말한다.

'원초의 세계에 나타난 원초의 물(바다)은 사실 비슈누 그 자체였다. 비슈누는 용왕 아난타(셰샤)를 침대 삼아 자고 있었다. 그 후 비슈누의 배꼽에서 연꽃 줄기가 뻗어 나왔고 연꽃이 피었다. 연꽃에서 브라마가 태어났고, 비슈누의 뺨에서 시바가 태어났다.'

물로 가득한 세계에 어떤 작용이 일어났고 창조주인 신이 태어났다는 이야기는 원초의 세계를 자궁에 비유한 것으로 해석된다. 세계를 만들어낸 초월적인 존재를 인격화하고, 그다음에는 브라마가 되고, 후세에는 비슈누가 된다. 신격화됨으로써 이야기가 보다 이해하기 쉬워졌는데, 기본적인 부분은 몇천 년이 흘렀음에도 변하지 않은 점이 무척 흥미롭다. 힌두교 사원의 본존은 '가르바그리하'라는 장소에 안치한다. 가르바그리하란 자궁의 방이라는 의미이며 내부는 어둡고 입구는 하나밖에 없다. 사람들은 기도를 올리며 세계 창조를 경험하는 것인지도 모르겠다.

이야기2 인류 창조 신화 ~거인 푸루샤에서 모든 것이 태어났다~

『리그베다』에 원인(原人) 푸루샤에서 모든 것이 태어났다는 이야기가 나온다.

'원초의 바다에서 천의 눈, 천의 머리, 천의 수족을 가진 거대한 원인 푸루샤가 태어났다. 신들은 푸루샤를 공양물로 삼아서 제사를 지냈다. 원인의 머리에서는 천계, 배꼽에서는 공계, 다리에서는 지계가 생겨났고, 눈에서는 태양, 귀에서는 방위, 숨결에서는 푸라나가 태어났다. 원인의 입에서는 브라만(승려·사제 계급), 양팔에서는 라자냐(크샤트리아. 왕족·전사 계급), 양 넓적다리에서는 바이샤(서민 계급), 양발에서는 수드라(노예 계급)가 태어났다.'

이는, 원초의 물속에서 태어난 원인 푸루샤는 신에게 올릴 제사를 위해 온몸이 조각조각으로 나뉘어 공양물로 희생되었고, 거기에서 세계와 인간이 생겨났다는 이야기이다. 갈가리 찢긴 신의 몸에서 다양한 것이 태어났다는 신화는 전 세계에 분포하는데, 이 이야기도 동일한 계통의 이야기인 듯하다.

한 가지 중요한 점은 이 이야기가 어째서 신분 제도가 생겼는가도 설명한다는 점이다. 카스트 제도라고 불리는 인도 신분 제도의 근간이 되는 '바르나(색)'라는 사고방식은 이 신화에서 유래한다.

인도아대륙에 침입해 들어온 아리아인은 비아리아 토착인의 피가 섞이는 것을 싫어하였다. 아리아인은 피부색이 희고, 토착인은 피부색이 검었기 때문에 한눈에 서로의 차이를 알 수 있었다. 브라만을 정점으로 하는 신분 제도를 신화로 설명함으로써 '바르나'로 계급을 나누는 것을 정당화한 것이다.

 시바의 별칭 마하칼라는 위대한 시간 또는 거대한 암흑이라는 뜻이다. 동양에서 복을 기져디주는 것으로 알려져 있는 대흑천이 비로 불교로 흡수된 .시비이디. 대(마하)흑(칼라)이 어원이다.

세계 창조 신화 ~브라마의 하루~

인도 신화에서는 이 세계가 '발생과 소멸'을 반복한다고 생각한다. 어느 타이밍에 우주가 생겨나지만, 언젠가 소멸하여 잠든다. 그리고 또 어느 때에 생겨난다는 식이다. 이를 신들의 활동과 관련 짓는다. 신들이 세계를 창조하고, 다음번 창조를 위해 파괴한다고 말한다. 브라마의 각성과 동시에 원초의 물 안에 우주 알이 생겨나고 세계가 시작된다. 그리고 브라마가 잠들 때 일시적으로 세계가 종말을 맞이한다. 브라마의 하루는 1칼파(1겁)의 단위로 진행된다. 1칼파는 인간 세상의 시간으로 환산하면 43억 2천만 년이다. 즉 43억 2천만 년마다 세계는 파괴되고 재생한다. 또, 칼파는 열네 번 반복되고, 각각의 시대에 인류의 시조 마누가 탄생한다. 현재는 일곱 번째 '칼파'의 시기라고 한다.

브라마의 수명은 브라마의 시간으로 100년, 인간의 시간으로 311조 4천억 년이다. 브라마가 죽으면 대홍수가 일어나 모든 것이 소멸되고 원초의 물로 돌아간다. 하지만 영원처럼 긴 그 시간도 비슈누의 시간에서는 겨우 하루에 불과하다.

이야기4 세계를 파괴하는 것은 '시간'

칼라란 '시간'을 나타내는 말인데, '죽음', '암흑'이라는 뜻도 있다. 시바는 마하칼라(위대한 시간)라고도 불리며, 이 세계의 모든 것을 파괴하고 소멸시키는 역할을 한다. 비슈누도 스스로를 '칼라'라고 부르므로 시간이라는 것이 얼마나 중요시되는가를 알 수 있다.

시간에는 시작도 끝도 없다. 그렇다면 시간에 지배되는 이 세계도 마찬가지로 시작도 끝도 없는 셈이 된다. 하지만 이 세상에 존재하는 것은 언젠가 사라져 없어진다. 그래서 세계는 영원히 시작과 끝을 반복한다고 생각한 것이다. 시간은 위대한 신 그 자체이고, 인간은 이를 제어할 수 없다.

시간은 직선적으로 나아가지 않고 원을 그리듯이 나아간다는 사고방식은 사람이 다시 태어난다는 '환생(삼사라)' 사상하고도 연관된다. 육체는 일시적으로 이 세상에 존재할 뿐이며, 육체가 소멸하더라도 불멸의 영혼은 또 다른 시대에 환생하여 다른 인생을 산다고 생각한다.

서사시의 세계
『라마야나』와 『마하바라타』를 읽다

🖐 인도 신화를 이야기할 때 결코 빼놓을 수 없는 서사시의 존재

　인도 2대 서사시 『라마야나』와 『마하바라타』는 인도 사람이라면 누구나 아는 이야기로 어릴 때부터 그림책이나 만화로 읽는 사람이 많다. 특히 『마하바라타』의 1절 『바가바드기타』는 힌두교의 가장 중요한 경전이자 사람들 마음의 지주이다. 두 서사시 모두 인도 신화를 이해하는 데 빼놓을 수 없는 유명한 작품이다.

　『라마야나』는 납치된 왕비를 되찾기 위해 모험에 나서는 라마 왕자의 이야기이다. 라마 왕자는 원숭이족의 장군 하누만의 힘을 빌려 마왕의 도시 랑카섬(현재의 스리랑카)으로 향한다. 악을 무찌르는 정의로운 왕자 이야기는 전 세계 사람들에게 사랑받고 있다. 『마하바라타』는 기원전 인도 북서부에 있었다고 전해지는 바라타 왕의 피를 계승한 쿠르족 자손(카우라바) 왕국의 이야기다. 왕위 계승을 둘러싸고 나라가 둘로 분열되어서 싸우는데, 주변국도 전쟁에 참가하면서 대전쟁이 일어난다.

 『마하바라타』의 바라타(바라트)란 인도를 지칭한다. 인도인은 '인도'라고 불리는 것보다 '바라트'라고 불리는 것을 더 좋아한다.

『라마야나』의 관계도

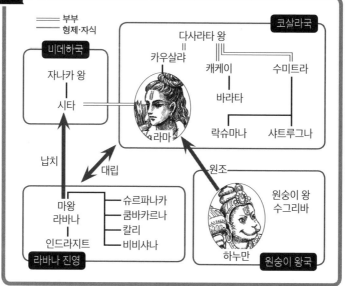

🖐 서사시 『라마야나』

코살라국의 라마 왕자가 마왕 라바나에게 납치된 왕비를 되찾아
오는 이야기.

― 라마 왕자의 탄생 ―

한때 지상에서 락샤사족의 왕 라바나의 힘이 커져서 신들의 세
계에까지 악영향을 끼치고 있었다. 라바나는 브라마의 자손이었
기 때문에 자신이 신과 똑같은 불사의 존재가 아니라는 점에 불만
을 품고 있었다.

불사를 갈망한 라바나는 혹독한 수행을 한 결과로 '신이나 마신족의 손에는 죽지 않는' 힘을 얻는다. 그 후 라바나는 옛날에는 신의 거처였던 랑카섬을 차지하고 세력을 키워나갔다. 그 어떤 신도 라바나의 힘에 대적할 수가 없었다.

비슈누는 라바나를 무찌르기 위해 지상에 내려가기로 한다. 신이나 마신족이 아닌 '인간'이어야 라바나를 쓰러트릴 수 있기 때문이다. 비슈누는 코살라국 다사라타 왕의 아들로 태어나기로 정한다. 다사라타 왕에게는 라마, 바라타, 락슈마나, 샤트루그나라는 총명한 네 아들이 있었다. 특히 장남 라마는 문무에 뛰어나며 인망이 있는 멋진 젊은이로 성장하였다.

사실 네 명의 왕자는 모두 비슈누의 신성을 지니고 있었다. 과거에 자식을 점지받고 싶던 다사라타 왕은 신에게 기도하여 먹이면 임신하는 특별한 묘약을 받는다. 왕은 사랑하는 왕비들에게 묘약을 나누어주었다. 라마의 어머니에게 절반을, 나머지를 바라타, 락슈마나, 샤트루그나의 어머니에게 먹게 하였더니 모두 아이를 잉태하였다. 네 명의 왕자는 훌륭한 젊은이로 성장하였지만, 라마가 비슈누의 신성을 가장 많이 이어받았다.

― 라마, 시타 공주를 아내로 맞이하다 ―

어느 날 라마는 성선 비슈바미트라에게 숲에 사는 마왕을 퇴치해달라는 부탁을 받고 동생 락슈마나와 함께 여행을 떠난다. 무사히 역할을 수행한 두 사람은 감사의 표시라며 신의 무기를 산더미

 브라만교 시대에 시타는 대지 여신의 이름이었다. 이후로 대지 여신을 비슈누의 아내로 본다. 비슈누의 화신 바라하(멧돼지의 모습을 한 비슈누)가 구해낸 것도 대지의 여신이다.

만큼 물려받는다.

여행 도중에 비데하국에 들른 그들은 자나카 왕 일족에게 대대로 전해 내려오는 전설의 활을 보게 된다.

이 활은 먼 옛날에 위대한 신 시바가 하사한 것이었다. 자나카 왕은 시타 공주의 신랑감을 고르는 의식의 일종으로서 "이 활을 당기는 용감한 자에게 공주를 주겠노라!"라고 선언하였다. 시타 공주는 대지 여신의 딸이었다. 여신처럼 아름다운 공주를 갖기 위해 여러 나라의 왕들이 시련에 도전하였지만, 그 누구도 활을 당기는커녕 들어 올리기조차 못하였다. 심기가 불편해진 왕들이 화를 내며 비데하국을 공격해왔을 정도였다. 자나카 왕은 신의 가호를 얻어 전쟁을 잘 극복하고 있었지만, 때마침 그때는 꽤나 고전하던 때였다.

이야기를 들은 라마는 흥미가 동하여 자신도 활을 만져보고 싶다고 말한다. 모두가 지켜보는 가운데 전설의 활을 잡은 라마는 가볍게 시바의 활을 들어 올렸고 시위를 당겼다. 하지만 너무 세게 잡아당긴 탓에 활의 중앙부가 우두둑하고 부러져버렸다. 활이 부러지는 소리는 천둥처럼 온 세계에 울려 퍼진 것은 물론이고 신들의 세계에까지 전해졌다.

자나카 왕은 감격하여 선언하였던 대로 라마에게 시타 공주를 시집보내기로 한다. 자나카 왕은 코살라국에서 다사라타 왕을 초대하여 결혼식을 올리기로 한다. 라마뿐 아니라 락슈마나와 다른 형제들도 왕족의 딸들과 결혼하게 되었고, 코살라국의 왕자들과 비데하국의 공주들은 행복한 결혼식을 올렸다.

― 캐케이 왕비의 음모 ―

다자라타 왕은 라마에게 왕위를 물려줄 생각으로 준비를 진행하였다. 하지만 제2 왕비 캐케이는 몸이 꼽추인 하녀의 교묘한 간계에 빠져 자신의 아들 바라타를 왕위에 올리려는 야망을 품게 된다.

라마의 대관식 직전에 캐케이는 다자라타 왕에게 옛 약속을 떠올려달라고 한다. 왕은 생명을 구해준 왕비에게 감사의 뜻으로 "어떤 소원이든 두 가지를 들어주겠다"고 약속한 바 있었다. 캐케이는 "라마가 아니라 바라타를 왕위에 올려주시옵소서", "라마를 14년간 추방해주시옵소서"라고 왕에게 청한다.

고결한 다자라타 왕은 왕비의 소원을 들어줄 의무와 라마 사이에서 번민하였다. 그 모습을 본 라마는 스스로 나라를 떠나 14년간 방랑하기로 한다. 락슈마나는 납득할 수 없다며 아버지인 왕에게 따지고 들었지만, 라마는 그를 달랬다. 라마는 홀로 나라를 떠나려 하였지만, 같이 가겠다며 고집부리는 시타 왕비와 락슈마나의 설득으로 결국 셋이 함께 나라를 떠난다.

손꼽아 기다리던 대관식은 거행되지 않고, 라마 왕자가 나라에서 추방된 사실을 안 백성들은 성으로 몰려가 항의하였다. 백성들이 라마 왕자를 무척 사랑하였기 때문이다. 백성들은 슬픔에 빠졌고 나라 전체가 애도하는 듯 어두워졌다.

다자라타 왕은 라마가 나라를 떠난 후 상심하여 세상을 뜨고 만

 락샤사족(나찰)은 기본적으로 지상에 산다. 인간과 적대하는 종족으로 요괴에 가까운 존재라고 할 수 있다. 일본 전래 동화 『복숭아 동자(桃太郎, 모모타로)』는 『라마야나』의 영향을 받아서 생긴 이야기라는 설이 있다. 여기에는 랑카섬과 흡사한 도깨비 섬이 나온다.

다. 캐케이의 뜻대로 왕위는 바라타가 이어받게 된다. 그 무렵 케야카국에 있던 바라타는 갑작스럽게 귀환 명령을 받고 본국으로 돌아가 아버지의 죽음과 형의 추방 사실을 알고 깜짝 놀란다. 이 모든 것이 어머니의 계략이었음을 안 바라타는 나라를 멸망시킬 작정이냐며 어머니를 질책하고 왕위를 거부한다. 바라타는 아버지와 형을 존경하였고, 왕위는 바라지도 않았다. 그는 아버지의 장례식을 마친 후 라마를 쫓아서 산으로 들어갔고 돌아와 달라고 설득하였다.

하지만 라마의 마음은 단호하였고, 바라타에게 나라를 맡겼다. 하는 수 없이 바라타는 라마의 신발을 들고 와서 왕좌에 올려놓았다. 스스로 왕위에 오르지 않고, 라마의 대리인으로서 나라를 통치하기로 한다.

─ 라바나에게 납치된 시타 ─

라마와 일행이 숲에서 지내는데, 락샤사족 여성 슈르파나카가 라마를 보고 반하여 구애한다. 그녀는 락샤사족의 왕인 마왕 라바나의 여동생이었다. 아내가 있어서 안 된다며 거절한 라마에게 분노한 그녀는 시타를 죽이려다가 반대로 락슈마나에게 코와 귀를 잘리고 만다. 그녀는 오빠 가운데 한 명인 칼리에게로 달아나 복수해달라고 절절하게 호소한다. 여동생을 욕보인 것에 화가 난 칼리는 군대를 이끌고 숲으로 갔지만, 라마의 강인함에는 대적이 되지 않았고 전멸한다. 슈르파나카는 이번에는 라바나 오빠에게 원수를 갚아달라고 애원한다.

마왕 라바나는 천계의 부를 독점할 정도의 힘을 자랑하고 있었다. 여동생의 말에 흥미를 느낀 그는 숲으로 갔다가 아름다운 시타를 보고 첫눈에 반한다. 시타를 자신의 여자로 만들고 싶은 마음에 라바나는, 친구가 아름다운 사슴으로 변신하여 라마와 락슈마나를 불러낸 틈에, 하늘을 나는 마차(푸슈파카)를 타고 시타를 납치한다.

아내를 납치당한 라마는 슬퍼하며 탄식하였다. 두 사람은 시타를 이리저리 찾아 헤맸지만 찾지 못하였다. 이윽고 그는 빈사 상태에 놓인 대머리독수리왕 자타유를 만나, 시타가 라바나에게 납치되었다는 것, 자타유가 시타를 구하려다가 라바나에게 당하였다는 것을 알게 된다. 자타유를 묻어주고 둘은 라바나가 갔다는 방향으로 향하는데, 그 후에 만난 마물에게서 원숭이왕 수그리바를 찾아가라는 진언을 듣는다.

원숭이왕 수그리바는 원숭이 도시 키슈킨다의 왕인데, 형 발린에게 아내를 빼앗기고 추방당한 신세였다. 이에 라마와 락슈마나는 수그리바가 왕위를 되찾도록 도와준다. 감동한 수그리바는 감사의 표시로 반드시 시타를 찾아주겠다고 약속하고 원숭이국의 백성 모두를 총동원하여 탐색에 나선다. 이때 중심이 된 자가 하누만(하누마트)이라는 원숭이 대신이다.

하누만은 풍신 바유와 아프사라스 사이에서 태어난 반신이라서 하늘을 자유롭게 날 수 있었다. 또 힘이 장사였고 몸의 크기를 자유롭게 변화시킬 수 있어서 이 힘을 이용해서 시타를 찾았다.

남쪽으로 향한 하누만은 대머리독수리왕 자타유의 남동생 삼파티를 만난다. 그에게 형 자타유의 죽음을 알리고 라마의 아내 시타를 찾는 중이라고 말하자, 그가 시타의 행방을 가르쳐 준다. 시타는 라바나의 거성이 있는 남쪽 끝의 랑카섬에 있다고 하였다.

　하누만은 기뻐하며 즉시 랑카섬에 잠입하였다. 작은 모습으로 변신하여 도읍과 성안을 탐색한 끝에 숲 깊은 곳에서 유폐되어 있는 시타를 찾아낸다. 시타는 더러운 몰골을 한 채 무시무시한 모습의 락샤사족 여성들에게 감시당하고 있었다. 라바나가 열렬히 사랑을 고백하여도 시타는 라바나를 단호한 태도로 거부하였다.

　감시가 소홀한 틈을 타 하누만은 시타 앞에 모습을 드러냈고, 라마한테서 받은 반지를 보이며 자신이 라마의 사자임을 밝혔다. 기뻐하는 시타에게 라마 왕자가 구하러 올 것이라고 고하고 그곳을 떠났다. 하누만은 꾀를 내어 라바나를 만나기 위해서 소동을 피워 일부러 붙잡혔다. 하지만 라바나는 하누만을 전혀 상대해주지 않았다. 그 자리에서 즉시 죽임을 당할 위기에 처하지만, 라바나의 남동생 비비사나 덕분에 목숨을 구한다. 비비사나는 라바나의 동생이었지만 신을 믿는 고결한 인물이었다.

　그 후 하누만은 도읍 이곳저곳으로 질질 끌려다니다가 꼬리를 불로 지지는 고문을 당하지만, 즉시 달아나 도시를 불바다로 만들고 랑카섬을 떠난다. 서둘러 원숭이왕 수구리바의 곁으로 돌아온 하누만은 라마에게 시타가 무사하다는 소식을 알렸고, 모두는 기쁨으로 들끓었다.

시바의 활 피나카는 제작의 신 비슈바카르만이 만든, 마신들이 다스리던 세 도시를 화살 하나로 멸망시켰다는 전설의 무기다. 하지만 시바와 비슈누가 활 대결을 벌여 시바가 패한 후 시바는 자나카 왕의 선조에게 그 활을 건넨다. 그때 이후로 집안 대대로 가보로서 소중하게 간직해온 활을 라마가 부러트린 것이다. 이것이 원인이 되어 라마가 결혼식을 올린 후에 초대받지 않은 손님이 찾아온다. 시바의 열렬한 신자인 성선 파라슈라마가 비데하국으로 쳐들어 온 것이다. 파라슈라마는 아버지 자마다그니를 크샤트리아에게 살해당한 것에 원한을 품고 원수인 크샤트리아들을 참살한 것으로 유명하다. 그 후 산에 틀어박혀 있었는데, 라마가 시바의 활을 부러트렸다는 사실을 알고 황급히 비데하국으로 찾아온다. 그는 아버지의 유품인 비슈누의 활을 라마에게 건네며 "시바 님의 활을 부러트렸다지? 그렇다면 시바 님도 대적치 못하였던 비슈누 님의 활을 당겨보아라!"라며 시비를 건다. 라마가 비슈누의 활도 당기자 파라슈라마는 자신이 무례를 범하였다며 사과하고 산으로 돌아간다.

자나카 왕의 활을 부러트린 라마(라자 라비 바르마 그림)

― 라마군의 원정 ―

즉시 시타를 구하러 간 라마 일행은 바나의 신 바루나와 원숭이들의 힘을 빌려 랑카섬까지 다리를 만들고 라바나의 도시를 포위하였다.

라바나는 최강의 거인인 남동생 쿰바카르나를 깨워 전쟁에 내보냈다. 쿰바카르나는 세계를 멸망시킬 정도의 힘을 가졌으며, 하루 동안 불사가 되는 힘을 갖고 있었다. 하지만 불사가 되기 전에 라바나가 깨우는 바람에 라마군에게 패하고 만다.

이번에는 라바나의 아들 인드라지트가 라마군과 싸웠다. 인드라지트의 공격은 매서웠고, 하늘에서 화살이 쏟아져 내려 많은 사망자가 나왔다. 락슈마나도 활을 맞고 쓰러졌다. 락슈마나를 살리기 위해서는 히말라야 카일라스산에서 자라는 약초가 필요하다는 말을 들은 하누만은 서둘러 하늘을 날아 카일라스산으로 갔다. 서둘러 약초를 찾아보았지만, 어떤 것이 약초인지 분간할 수가 없었다. 하는 수 없이 산을 통째로 잘라내어 락슈마나에게 가져다주었고, 약초 덕분에 락슈마나는 목숨을 건진다.

그 후 라바나와 결별하고 라마 진영으로 온 비비사나가 인드라지트의 약점을 폭로해준 덕분에 락슈마나는 강적 인드라지트를 타도한다.

아들의 죽음으로 냉정함을 잃은 라바나는 결국 라마와 대결한다. 라마는 라바나가 강한 마력을 지닌 탓에 고전하지만, 비슈누에게 받은 활을 써서 라바나를 무찌른다.

 『라마야나』와 『마하바라타』의 원전은 하나가 아니다. 몇천 년이라는 시간을 거쳐 현대까지 이어져 있으니 당연한 것이겠지만, 지방색도 풍부하고, 북인도나 남인도냐에 따라서 다양한 버전이 있으며 내용도 다르다.

─ 승리의 개선 ─

전쟁을 끝내고 시타를 구해낸 라마 왕자는 랑카섬을 뒤로한다. 하지만 적에게 납치되었던 시타의 정절을 의심하는 목소리가 여기저기서 터져 나왔고, 라마도 그녀에게 심한 말을 퍼붓는다. "다른 남자 곁에 있는 여자를 구한 것은 의무 때문일 뿐! 이젠 어디로든 가고 싶은 데로 가버려라!" 예상치 못한 말을 듣고 충격을 받은 시타는 그 자리에 주저앉아 흐느끼며 "저는 결백합니다. 만약 제 말이 거짓말이라면 이 자리에서 죽을 것입니다. 지금 당장 화장용 장작을 쌓아주십시오"라며 장작을 준비시켰고 불타오르는 화염 속으로 들어갔다.

불의 신 아그니는 거짓말을 하지 않기 때문에 마음이 청렴결백한 자는 불 속에서도 타지 않는다고 전해진다. 아그니가 불 속에 들어간 시타를 보호하였고, 하늘의 천신들도 그녀를 축복하였다. 신들은 시타를 믿지 않은 라마를 야단쳤고, 시타와 백년해로하라고 명한다.

라마는 고통스러운 표정으로 눈물을 글썽이며 시타가 불 속으로 들어가는 것을 보고 있었다. 그는 "백성들 앞에서 시타가 결백함을 신들에게 꼭 증명받아야 하였습니다. 그녀가 저 이외의 그 누구에게도 마음을 주지 않았음을 압니다. 저는 시타를 믿습니다"라며 자신이 행한 무례한 처사를 사죄하였다. 신들은 시타의 결기를 칭송하였고, 두 사람을 축복하였다.

신들이 떠난 후 라마와 원숭이족은 하늘을 나는 마차를 타고 코

 랑카섬을 눈앞에 두고 라마가 해신 바루나에게 기도를 올렸음에도 바루나가 좀처럼 나오지 않자, 분노하여 강력한 신의 화살을 쏘아 바닷물을 모조리 증발시키려고 한다. 당황한 바루나는 서둘러 바다를 잠재운다.

실은 위대한 왕이었을 수도 있는 라바나?

하누만은 라바나를 만나고 그의 아름다움에 경탄한다. 날카로운 치아, 붉은 눈, 위대한 생기, 모든 길상을 갖춘 넘치는 기세, 견고한 마음과 광명에 감탄하며 마음속으로 절찬한다. 만약 유부녀인 시타를 납치하는 짓을 하지 않았다면 이 세상의 수호자가 되었을 것이라며 탄복한다. 실제로 랑카섬 도시는 번영하였고, 그는 사랑하는 아내들을 소중히 대하였다. 독재자도 아니었다. 전쟁을 벌이기 전에는 대신들을 초집하여 회의를 하였다. 시타만 만나지 않았더라면, 라바나는 도에서 벗어나지 않았을 것이고, 락샤사족의 왕으로서 오랫동안 세상에 군림하였을 것이다.

살라국으로 돌아갔다. 싸우는 사이에 추방 기간이 끝난 것이다. 바라타 왕자로부터 왕위를 받은 라마는 사람들의 축복 속에서 훌륭한 왕이 되었다.

— 마지막 권 —

나라에는 평화가 되돌아왔고 라마와 시타는 행복하게 살았다. 하지만 시타의 정절을 의심하는 백성의 목소리는 사라지지 않았다. 고민 끝에 라마는 시타와 헤어지기로 결심하고 락슈마나에게 시타를 숲에 버리고 오라고 명하였다.

숲에 홀로 남겨진 시타는 한탄하였고 라마를 그리워하며 큰 소리로 울었다. 숲에 살던 성선 발미키(라마야나의 저자)는 시타의 사정을 알고 그녀를 거둔다. 라마의 자식을 임신한 시타는 슬픔 속에서 쌍둥이를 출산하였다. 수년이 흐른 뒤 성선은 성장한 아이들과 함께 도읍을 방문하여 『라마야나』 이야기를 라마 앞에서 낭독한다. 자신을 꼭 빼닮은 두 소년을 본 라마는 모든 앞뒤 사정을 깨닫고 후회하였고, 시타를 즉시 데리고 와서 사람들 앞에서 한 번 더 결백을 증명해달라고 부탁하였다.

도읍으로 되돌아온 시타는 라마 앞에서 어머니, 대지의 여신에게 간청한다.

"만약 제가 결백하다면 저를 데려가 주십시오. 신들의 세계로 돌아가게 해주십시오,"

그러자 지면이 갈라지면서 대지의 여신이 나타났다. 그녀는 라마와 군중들이 지켜보는 가운데 시타를 데리고 그대로 갈라진 대지의 틈새로 들어가 버렸다.

라마가 아무리 후회하여도, 신에게 기도를 올려도, 시타는 두 번 다시 이 세상으로 돌아오지 않았다.

그 후로도 라마는 선정을 베풀었고 사람들에게 사랑받았지만, 수명이 다하였음을 깨닫고 왕위를 아들들에게 물려주고 이 세상을 떠난다. 시타와 마찬가지로 신의 세계로 돌아간 것이다.

 라마가 쉽게 왕위를 포기한 것은 모든 것이 풍족하여 왕위에 대한 집착이 없었기 때문일지 모른다. 그에 반해 시타에 대한 집착은 무척 강하다. 그녀가 납치되자 다른 사람으로 변한 듯 이성을 잃는 모습이 무척 흥미롭다.

column 인도 신화 여담

나중에 추가된 마지막 권

『라마야나』의 마지막 권에서는 라마가 두 번이나 아내를 잃는 예상치도 못한 전개가 펼쳐지며 권선징악의 메시지를 담고 있던 스토리가 순식간에 비극으로 끝을 맺는다. 라마와 한 약속을 깬 락슈마나도 자살하고, 라마를 따르던 백성들도 라마의 죽음을 알고 뒤를 따른다. 뭐 그래 봐야 백성도 락슈마나도 육신을 버리고 천계로 돌아갔을 뿐이지만. 마지막 권의 내용은 누가 보더라도 나중에 덧붙인 듯한 냄새가 난다. 평판도 좋지 않아서 연극과 책에서는 생략되는 경우가 많다. 하지만 시타는 대지의 여신으로서, 라마는 비슈누로서 지상 세계에서 해야 할 역할을 다 하고 천계로 돌아갔다는 흐름이 비슈누파에게는 필요하였는지도 모르겠다.

🐾 서사시 『마하바라타』

신의 아들인 정의로운 다섯 왕자와 질투심 많은 못된 왕자. 왕위를 건 사촌 형제간의 대전쟁.

― 샨타누 왕의 사랑 ―

아주 먼 옛날에 위대한 바라타 왕의 손자 쿠루의 또 그 손자 중에 샨타누라는 이름의 왕이 있었다. 샨타누 왕은 우연히 만난 아름다운 여성에게 한눈에 반하여 청혼하였다. 그녀는 샨타누 왕을 받아주었지만, 조건을 붙였다. 그 조건은 "내가 누구인지 묻지 않을 것. 우리 둘 사이에 태어난 아이를 내가 어떻게 하든 그 어떤 책망도 하지 않을 것"이었다. 샨타누 왕은 조건을 받아들였고 두 사람은 결혼하였다.

왕비는 아이를 회임하였고 왕은 무척 기뻐하였다. 하지만 왕비는 태어난 갓난아기를 즉시 강에 던져버렸다. 지독한 처사에 왕은 두려움을 느꼈지만, "그 어떤 책망도 하지 않을 것"이라던 약속을 지키기 위해 꾹 참았다. 왕비는 그 후로도 아기가 태어날 때마다 강에 던져버렸다. 결국, 여덟 번째 아이도 강에 던져버리려는 순간, 왕은 왕비를 저지하며 그녀가 행하는 잔혹한 짓을 책망하였다. 왕비는 약속을 깬 왕에게 자신의 정체를 밝혔다. 그녀의 정체는 다름 아닌 갠지스강의 여신 강가였다.

강가는 저주에 걸려 인간으로 태어난 신들을 즉시 천계로 돌려보내주기 위해 스스로 지상에 내려와 그들의 어머니가 된 것이고, 태어난 즉시 강에 빠트린 것이었다. 연유를 안 샨타누 왕은 강가에게 사과하였지만, 강가는 아이를 데리고 강으로 들어가 버렸다.

― 고결한 왕자 비슈마 ―

7년 후 강가는 성장한 아들을 데리고 샨타누 왕에게로 돌아왔다. 왕은 무척 기뻐하였고 세 사람은 행복하게 살았다. 아들은 문무에 모두 뛰어난 왕자가 되었고, 나라도 평안한 듯 보였다.

그런데 운명의 장난이었을까? 샨타누 왕이 사티야바티라는 어부의 딸에게 푹 빠져 그녀에게 청혼한 것이다. 하지만 그녀가 내

강가는 저주에 걸린 신들의 소원을 들어주기로 하는데, 여덟 번째로 환생한 신은 훌륭한 인물이 되어 사람들로부터 존경을 받을 거라는 예언을 듣는다. 이 아이가 마지막에 태어난 왕자이자 후일의 비슈마이다.

『마하바라타』 관계도

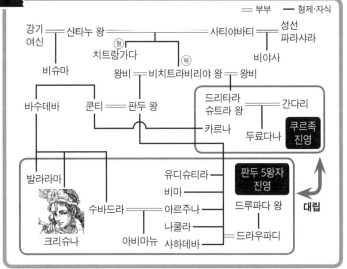

건 결혼 조건은 "내가 낳은 아들에게 왕위를 물려줄 것!"이었다. 이미 강가 사이에서 낳은 훌륭한 아들이 있었기 때문에 왕은 몹시 번민하였다. 아버지의 마음이 어지러운 것을 안 왕자는 아버지를 위해 왕위 계승권을 포기하고 평생 독신을 관철하며 아이를 만들지 않겠다고 선언하였고, 아버지에게 사티야바티와 결혼하라고 권하였다. 왕자는 이를 계기로 비슈마(대단한 자)라고 불리게 된다.

그 후 사티야바티는 아들을 둘 낳았고, 산타누 왕이 죽은 후 그들이 왕위를 이었지만, 둘 다 곧 세상을 떠났다. 이대로 있다간 왕가의 혈통이 끊어질 판이었다. 곤란해진 사티야바티는, 과거에 낳은 아비가 다른 아들 성선 비야사에게, 이미 죽은 아들들의 아내들에게 아이의 씨를 달라고 부탁한다. 이리하여 태어난 것이 드리타 라슈트라와 판두 형제이다.

─ 판두 왕의 다섯 아들 ─

형 드리타라슈트라는 맹인이었기 때문에 판두가 왕이 되었다. 판두 왕에게는 두 명의 왕비 쿤티와 마드리 사이에 다섯 명의 왕자 가 있었고, 드리타라슈트라에게는 백 명의 왕자가 있었다.

다섯 왕자의 이름은 장남이 유디슈티라, 차남이 비마, 삼남이 아 르주나, 사남과 오남은 쌍둥이로 나쿨라와 사하데바였다. 사실 판 두 왕은 저주에 걸려 아이를 낳을 수 없었기에 쿤티가 지닌 특별한 힘으로 신으로부터 아들을 얻었다.

유디슈티라는 법을 수호하는 정의감 강한 다르마 신의 아들이 었고, 비마는 힘이 센 풍신 바유의 아들이었으며, 아르주나는 활의 명수 인드라의 아들이었다. 마드리 왕비 역시 쿤티의 힘으로 총명 한 쌍둥이 나쿨라와 사하데바를 얻었다. 이 둘은 아슈빈쌍신의 아 들로 용모가 아름다웠으며 검술에 능하였다. 형제는 무척 사이가 좋았고, 문무를 겸비한 훌륭한 왕자로 성장하였다.

어느 날 판두 왕은 과거에 성선에게 걸린 저주로 인해 사망한다. 그래서 눈이 부자유로운 드리타라슈트라가 왕이 된다. 그의 백 명 의 왕자들은 사촌 형제인 다섯 왕자의 힘을 질투하고 있었다. 특 히 장남 두료다나는 교활해서 무슨 일이 있을 때마다 다섯 왕자를 걸고넘어졌다.

 고대에는 남편이 먼저 세상을 뜨면 대가 끊기지 않도록 고귀한 브라만이나 형제 한테서 씨를 받는 것이 인정되었다. 사티야바티는 또 한 명의 아들 성선 비아사에 게 씨를 청하였다.

『마하바라타』를 그린 예술 작품

샨타누 왕과 강가(워릭 고블 그림)

전쟁터에서 차크라를 높이 들어 올리고 있는
크리슈나

─ 드라우파디와의 결혼 ─

두료다나를 비롯한 백 왕자의 괴롭힘은 점점 심해졌고, 그러다
가 비마는 독살당할 위기에 처하기까지 한다. 거듭되는 음모로 궁
전도 불타고 목숨도 위협받자, 다섯 왕자는 이대로 여기에 있다가
는 큰일 나겠다고 생각하고, 화재로 죽은 듯 꾸며놓은 후 신분을
숨기고 타국을 전전하기로 한다.

어느 날 판찰라 왕국의 아름다운 공주 드라우파디의 신랑감 고
르기 의식(스와얌바라)에 참가한 아르주나는 특기인 활로 승부에서

인도 신화 토막 지식

드리타라슈트라의 아내는 2년이라는 긴 임신 기간 끝에 거대한 고기 덩어리를 낳
는다. 선선이 조언에 따라 고기 덩어리를 잘게 나누어 기(버터기름)에 2녀가 담가두
자 두료다나를 비롯한 백 명의 아들과 한 명의 딸이 태어났다.

이기고 보란 듯이 공주를 손에 넣었다. 드라우파디의 아버지인 왕은 아르주나의 정체를 알고 기뻐하며 딸을 내주었다. 그 후 집으로 돌아온 아르주나는 어머니 쿤티에게 선물이 있다고 고한다. 무엇을 구해왔는지 모르는 어머니는 "다섯이서 사이좋게 나누어 가지거라!"라고 명한다. 어머니의 말대로 드라우파디는 다섯 왕자 모두의 아내가 된다.

판두 왕의 아들들이 사실은 살아 있으며, 강력한 판찰라 왕국의 공주를 왕비로 맞이한 사실을 안 두료다나는 격노하였지만, 다섯 왕자에게 합당한 재산을 주라는 비슈마의 말에 설득되어 그들을 맞아들인다. 두료다나의 아버지 드리타라슈트라는 조카인 다섯 왕자에게 토지를 제공하고 그곳에 새로운 국가와 수도를 세우라고 말하였다. 그 땅은 다섯 왕자의 활약으로 근사한 도읍이 되었고, 인드라프라스타라 불리며 번영하였다.

─ 덫에 걸린 유디슈티라 ─

인드라프라스타의 왕이 된 장남 유디슈티라는 무척 유능하여 나라는 점점 번성하였다. 비마가 대제국 마가다국의 자라산다 왕을 쓰러트리자 국가의 실력도 인정받게 된다. 위대한 왕으로서 즉위하고 마가다국도 지배하에 둔 유디슈티라의 평판은 점점 높아졌다. 인드라프라스타에 초대받은 두료다나는 수도가 번영한 모습을 보고 깜짝 놀라 더욱 질투심을 불태우며 간계를 꾸미기 시작한다.

어느 날 두료다나의 숙부 샤쿠니는 책략을 꾸미며 유디슈티라에게

판두 왕의 개성 넘치는 다섯 왕자

판두 왕의 다섯 왕자는 신의 아들이기도 해서 각각 개성이 풍부하다. 장남 유디슈티라는 정의감이 강하고 품행이 방정한 리더 타입이다. 평화를 가장 중시한다. 차남 비마는 호전적이고 힘이 세며 대식가이다. 싸울 때는 나무를 뽑아 들고 부웅부웅 돌린다. "전투는 나한테 맡겨!"라는 성격이다. 삼남 아르주나는 궁술이 뛰어난 청년이다. 크리슈나의 친구이고, 시바와 대등하게 싸운 적도 있다. 여장하고 후궁에 잠입하기도 한다. 쌍둥이 나쿨라와 사하데바는 다소 존재감이 약하며, 주로 형들을 지원하는 역할을 한다. 다섯 형제가 모두 잘 생겼지만, 나쿨라가 특히 절세 미남이다.

도박을 해보라고 권하였고, 유디슈티라는 덫에 제대로 걸려들었다. 유디슈티라는 도박의 노예가 되어 전 재산과 왕위, 나중에 가서는 왕국과 형제와 왕비 드라우파디까지 내기에 걸었다.

드라우파디는 광장으로 끌려나가 옷이 찢기는 굴욕을 당하였지만, 신(크리슈나)의 힘에 의해 계속해서 옷이 솟아 나와 벌거숭이가 되지는 않았다. 이를 본 드리타라슈트라 왕은 신이 두려워 드라우파디에게 남편 유디슈티라가 잃은 재산을 돌려주었다. 이때 드라우파디는 자신에게 치욕을 준 쿠르족에게 복수하기로 결심한다.

하지만 도박에 미친 유디슈티라는 또 도발에 걸려들어 도박을 하였고, 모처럼 되찾은 전 재산을 다시 잃었다. 다섯 왕자에게 왕국을 나가서 12년간 방랑하다가 13년째가 되면 신분을 숨기고 은

사티야바티는 어부의 손에 자랐지만, 실은 저주에 걸려 물고기의 모습으로 변한 첩녀 아드리카와 마차야구이 왕 사이에서 태어난 딸이다. 왕이 물에 흘린 정액을 삼킨 아드리카가 임신한 것이다.

둔해서 살라는 명령이 떨어졌고, 그들은 이에 따를 수밖에 없었다.

─ 13년간의 왕국 추방 ─

황량한 들판에서 사는 것은 힘든 일이었지만, 다섯 왕자를 추종하던 사람들이 만나러 와주었고, 그들도 수행해서 견지를 넓히는 등 유의미한 시간을 보냈다. 아르주나는 수행 중에 사냥꾼으로 변신한 시바와 싸운다. 힘을 인정받은 아르주나는 시바로부터 '파슈파타'라는 세계를 멸망시킬 힘을 지닌 위대한 무기를 받는다. 그후 그는 친아버지 인드라의 인도를 받아서 천계에서 5년간 지낸다.

13년째 해가 되자 다섯 왕자는 신분을 숨기고 마츠야국 궁정에 잠입하기로 한다. 유디슈티라는 광대로, 비마는 요리사로, 아르주나는 환관으로서 여장하고 후궁에서 무용과 노래를 가르치는 선생으로, 나쿨라는 마부로, 사하데바는 가축 관리인으로, 드라우파티는 왕비의 하녀로 각각 변장해서 조용하게 살았다.

하지만 드라우파티의 미모에 반한 왕비의 남동생 키차카가 그녀를 강압적으로 손에 넣으려고 한다. 키차카는 달아나는 드라우파티를 악착같이 뒤쫓았고, 모두가 보는 앞에서 그녀를 발로 찼다. 수치를 당한 드라우파티는 요리사로 살고 있는 비마에게 가서 키차카에게 복수해 달라고 청하였고, 화가 난 비마는 키차카를 암살해버렸다.

키차카는 비마와 대등할 정도로 강하였고, 대장군으로서 마츠야국을 지키던 영웅이기도 하였다. 그가 갑작스럽게 죽자 주변 국가들이 술렁였다. 키차카를 잃은 마츠야국은 침략을 도모하는 나라들의 군대에 눈 깜짝할 사이에 포위되고 만다. 책임을 느낀 다섯 왕자는 정체를 숨긴 채 마츠야국의 군대를 지휘하였다.

여장하고 지내던 아르주나도 왕자들과 함께 출격하였고 숨겨놓았던 무기를 꺼내 적과 싸웠다. 실은 마츠야국을 습격한 군대 중에는 두료다나와 형제들도 있었다. 전력을 다해 싸우는 아르주나에게 대적이 되지 않는 두료다나와 형제들은 후퇴하였다.

때마침 13년간의 추방 기간이 끝난 다섯 왕자는 드디어 마츠야국의 왕에게 정체를 밝혔다. 왕은 나라를 구한 영웅들이 위대한 왕과 그의 형제라는 사실을 알고 기뻐하며, 아르주나에게 왕녀를 아내로 삼아달라고 청하였다. 하지만 왕녀의 교육을 담당하였던 아르주나는 이를 거절하고 자기 며느리로 삼겠다고 한다.

다섯 왕자는 추방 기간이 끝나 본국으로 돌아가려 하였지만, 두료다나는 다섯 왕자에게서 빼앗은 재산과 나라를 되돌려줄 생각이 없었다. "마을 다섯 개만이라도 돌려주길 바란다"는 유디슈티라의 청도 들어주지 않았다. 두료다나는 장로 비슈마에게도 비난을 받았지만, 고집스럽게 자신의 입장을 바꾸지 않았다.

유디슈티라와 형제들은 평판이 좋았기 때문에 마츠야국을 비롯한 주변국은 이러다가는 쿠르족을 중심으로 대전쟁이 벌어지겠다고 생각하였다. 이에 아르주나의 절친한 벗 크리슈나는 다섯 왕자의 사자로서 두료다나를 만나기 위해 수도 하스티나푸르로 향하였다. 그런데 어처구니없게도 두료다나는 약속을 지키라며 타이르는 크리슈나에게 위해를 가하며 체포하려 든다. 크리슈나는 설득하는 데 실패하였다.

― 또 한 명의 왕자, 카르나 ―

전쟁을 피할 수 없는 사태에 이르자 아르주나와 형제들의 어머니 쿤티는 깊은 고민에 빠진다. 두료다나 진영에는 비밀로 해오던 또 한 명의 왕자 카르나가 있었기 때문이다.

쿤티는 어린 시절에 성선으로부터 특별한 힘을 받았다. 신의 아이를 잉태할 수 있는 주문이다. 쿤티는 판두 왕에게 시집가기 전에 몰래 비밀 주문을 외웠고 태양신 수리야의 아이를 낳았다. 그 아이는 태양신의 힘으로 인해 태어날 때 금색 무구와 귀걸이를 하고 태어났다.

하지만 미혼의 몸으로 아이를 낳았다는 사실에 두려워진 쿤티는 아기를 상자에 넣어 강에 띄워 흘려보낸다. 그 후 두료다나의 마부의 손에 길러진 아기는 천성적인 자질이 뛰어나기도 해서 멋진 청년으로 성장한다.

카르나는 도읍에서 행해진 마상 시합에서 대단한 성적을 올려 아르주나와 대결할 예정이었는데, 마부의 자식이라는 신분 때문에 대결이 허락되지 않았다. 하지만 그 대련하는 모습을 두료다나에게 인정받아 나라를 얻고, 안가국의 왕이 된 카르나는 평생 두료다나를 모시기로 결심한다. 그는 그 후 드라우파티의 신랑감 고르

 아르주나는 천계에 갔을 때 우르바시에게 구애를 받는데 이를 거절해서 성 기능 불능이 되는 저주에 걸린다. 인드라가 이를 기간 한정 저주로 바꾸어주었고, 아르주나는 이 시기를 마츠야국에서 여장을 하고 무사히 보낸다.

불행한 카르나

카르나는 자신의 신분을 브라만이라고 속이고 성선 파라슈라마 밑에서 수행한 시기가 있다. 하지만 정체가 들통나 '중요할 순간에 중요한 지식을 잃는' 저주에 걸린다. 또 카르나는 태어날 때 입고 태어난 황금 갑옷을 브라만으로 변신한 인드라에게 준다. 카르나의 큰 배포에 인드라는 기뻐하며 갑옷 대신에 최강의 창을 주었다. 하지만 창은 한 번밖에 쓸 수 없다. 카르나는 아르주나와 대결하기 전에 비마의 아들인 거인 가토카차에게 그 무기를 쓰고 만다. 의지할 만한 무기도 없고, 저주에도 걸린 상태이다. 카르나는 승산이 없다는 것을 알면서도 아르주나와 대결한 것이다.

기 의식에도 참가하였지만, 난입한 아르주나가 승부를 결정지어 버리는 씁쓸한 경험을 한다.

쿤티는 카르나를 찾아가 자신이 친어머니임을 밝히고 판두의 자식들과 함께 왕자로서의 권리를 누리라고 청하였다. 하지만 카르나는 이미 자신의 출생의 비밀을 아버지 태양신에게 들어서 알고 있었다. 카르나는 "동료를 배신할 수는 없습니다. 핏줄이 이어져 있더라도 나는 숙적인 아르주나를 쓰러트릴 겁니다. 단, 다른 왕자는 죽이지 않겠습니다"라며 친어머니 쿤티의 청을 거절한다.

쿤티가 오기 전에 크리슈나도 카르나를 방문하였다. 카르나의 출생의 비밀을 아는 크리슈나는 "그대는 쿤티의 아들이라네. 다섯 왕자의 형이니 모든 재산과 나라를 주겠네. 본래 그대가 가졌어야

 드라우파티가 태어났을 때 "크샤트리아를 파멸시킬 것이다"라는 예언이 나온다. 두료다나와 사람들에게 치욕을 당한 그녀는 다섯 왕자에게 그들을 죽여달라고 부탁한다. 즉, 대전쟁이 벌어진 원인 중의 하나라고 할 수 있다.

마땅한 명예까지 모두 다. 그러니 생각을 고쳐먹고 그들 곁으로 가주지 않겠나? 이대로 전쟁이 벌어진다면 쿠루족은 멸망하고 말 걸세"라며 카르나를 설득하였다. 하지만 카르나는 그 제안도 받아들이지 않는다.

― 전쟁의 시작 ―

아르주나와 두료다나는 크리슈나를 찾아가 그를 자신의 진영으로 끌어들이려고 하였다. 중립을 지키기로 마음먹고 있던 크리슈나는, 자신은 아르주나의 마부로 전쟁에 참가하고, 군대는 두료다나에게 내어주기로 한다.

전쟁이 시작되었고, 이윽고 양 진영은 쿠루크셰트라에서 서로를 마주하게 되었다. 아르주나는 눈 앞에 펼쳐진 전쟁의 모습을 보고 의욕을 잃었다. 적 진영에 있는 사람은 숙부와 사촌 형제였다. 홀륭한 교사이기도 한 드로나와 장노 비슈마도 있었다. 가족끼리 싸워야 하는 허무함에 전의를 상실한 아르주나는 크리슈나에게 자신의 마음을 털어놓았다. 하지만 크리슈나는 이 세상의 진실을 설파한다.

"사람에게는 태생적인 사명이 있고, 그것을 이행하지 않아선 안 된다네. 크샤트리아(전사)로 태어났다면 싸워야 하네. 사람은 언젠가 죽는다네. 싸우는 것이 운명이면 그것을 완수하게. 또한 신은 무한하여 죽지 않지. 실은 죽음은 무(無)가 아닐세. 사람은 신을 믿음으로써 자신의 내부에 신이 있음을 알게 된다네. 즉, 자기 자신도 신임을 알면 아무것도 두려워할 필요가 없지. 일심으로 신을 믿게나."

그렇게 말하고 크리슈나는 신으로서의 위대한 모습을 아르주나 앞에 드러냈다. 진실을 안 아르주나는 고무되었고, 자신의 역할을 다 하기 위해 마차의 속도를 높였다.

전쟁은 격렬하였고, 양측의 힘은 일진일퇴하였다. 양 진영은 신들로부터 받은 무기를 썼기 때문에 하늘에서는 화살이 비처럼 쏟아져 내렸고 지상은 화염으로 뒤덮였다. 많은 병사가 죽었고 전쟁터는 시체로 뒤덮였다. 다섯 왕자의 좋은 스승이자 강가의 아들인 비슈마는 강적이었지만, 아르주나의 화살로 쓰러트렸다. 아르주나의 아들 아비마뉴도 장렬한 최후를 맞이하였다.

그리고 결국 16일째 되는 날, 카르나와 아르주나가 대치하게 되었다.

아르주나는 마부 크리슈나의 조언대로 카르나의 마차가 움직이지 못하게 된 틈을 노려 활로 공격하였다. 과거에 성선에게 걸린 저주로 인해 활을 제대로 쏠 수 없는 카르나는 아르주나의 활을 맞고 쓰러진다. 그 후 두료다나도 비마와 결투를 벌이다 넓적다리가 부러져 쓰러지고 만다.

─ 슬픈 결말 ─

처참한 싸움 끝에 다섯 왕자의 진영이 승리한 듯 보였다.

하지만 두료다나 진영에는 과거에 다섯 왕자의 스승이던 드로나

 아르주나는 크리슈나의 여동생 수바드라를 아내로 삼았다. 두 사람 사이에서 태어난 아들이 아비마뉴인데, 대전쟁 때 적에게 포위되어 참살당한다. 복수를 결심한 아르주나는 아들을 죽인 자야드라타를 그날로 죽여버린다.

의 아들 아슈와타마가 살아남아 있었다. 시바의 가호를 얻은 그의 야습으로 다섯 왕자의 아들도 살해되었다. 남은 자들은 슬퍼하며 탄식하였다.

또 다섯 왕자들도 승리하기 위해 수단을 가리지 않았고, 경우에 따라서는 비겁한 수단을 쓴 것을 후회하였다. 정의로운 사람이라는 말을 듣던 유디슈티라도 거짓말을 하였고, 그 결과로 스승 드로나를 죽였다. 아르주나도 카르나의 마차가 움직이지 않을 때를 노려서 쓰러트렸다. 또 비마도 전쟁 시에 하반신을 노리는 것은 바람직한 일이 아니라는 것을 알면서도 과거에 한 맹세를 지키기 위해 두료다나의 발을 노렸다.

전사자를 추모하고 나서 유디슈티라와 형제들은 도읍 하스티나푸르로 돌아왔고 좋은 왕이 되어 나라를 다스렸다. 그 후 크리슈나가 죽었고, 다섯 왕자는 죽을 때가 다 되었음을 깨닫고 히말라야에 올라가 한 명, 그리고 또 한 명, 세상을 떠났다. 그들은 아버지 신들의 곁으로 돌아갔고 윤회 없는 세상에서 행복하게 살았다.

 『마하바라타』의 대전쟁은 인간을 비롯한 대지에 사는 모든 생명체를 제거하기 위해 신들이 일으킨 전쟁인 듯하다. 등장인물은 모두 신성을 가지고 있고, 역할을 다한 후에는 죽어서 천계로 돌아갔다.

신의 노래 『바가바드기타』

전쟁 전에 크리슈나와 아르주나가 주고받은 문답을 『바가바드기타』(신의 노래)라고 부른다. 힌두교에서 가장 중요한 경전으로 삼고 있으며, 그 유명한 간디도 이를 믿고 의지하였다고 한다. 무엇이 그리 대단할까? '제를 지내지 않아도 신에게 기도하면 통한다. 신은 어디에나 있으며, 다양한 형태로 모습을 바꾸어 나타난다. 사실은 깨닫지 못하고 있을 뿐 너 자신도 신이다'는 사상을 알기 쉽게 설명하였기 때문인 듯하다. 이러한 사상은 불교에도 흡수되어 여래장사상으로 발전하였고, 일본인의 사상에도 영향을 주었다는 설이 있다.

브라만교 시대에 우주의 최고 원리(梵)와 자신의 존재 원리, 생명과 영혼(我)은 같다는 '범아일여(梵我一如)'의 사상이 생겨난다. 하지만 이러한 사고방식은 지나치게 추상적이라 이해하지 못하는 사람이 많았다. 『바가바드기타』에서는 이 '우주의 최고 원리'가 '크리슈나=비슈누'라는 명확한 대답을 내놓는다. 최고신인 크리슈나에게 일심으로 기도하면 구원받을 수 있다는 이해하기 쉬운 교리는 삽시간에 인도 전역으로 퍼져나갔다.

크리슈나와 아르주나

제2장
인도 신화에 나오는 신들

비슈누, 시바의 권속,
오래된 신······ 등
개성 넘치는 신들

비슈누

Profile Data			
발　　　음	Viṣṇu	산스크리트	विष्णु
별　　　칭	나라야나(원초의 바다에 떠 있는 존재), 바수데바(크리슈나), 나라연천, 비뉴천		
소　유　물	원반(차크라), 곤봉(카우모다키), 왼쪽으로 말린 법라(판차자냐), 연꽃		
타고 다니는 것	가루다, 아난타		

화신으로 변하여 사람들을 구하는 최고신 중의 한 기둥

비슈누는 『리그베다』 시대에는 태양의 빛을 상징하는 신이었으며, 세 걸음 만에 하늘, 허공, 땅을 걸었다는 이야기가 있지만, 당시에는 그렇게까지 중요한 신이 아니었다. 하지만 현재는 무척 인기가 많으며 시바와 비등하게 신앙된다.

비슈누는 사람들을 구원하기 위해 화신(아바타라)으로 지상에 환생한다.

비슈누의 화신에는 『라마야나』의 라마 왕자와 『마하바라타』의 영웅 크리슈나가 있다. 비슈누의 인기가 높아진 것은 이들 서사시의 힘이 크다. 크리슈나 신앙 등 토착인에게 인기 있는 사상을 원만하게 흡수한 서사시가 인도 전역으로 퍼져나갔기 때문이다.

비슈누파 경전에서는 인드라처럼 브라만교 시대에 위대하였던 신들은 '실은 비슈누의 힘을 빌렸던 것이다'라고 설명한다. 세계의 창조주 브라마도 마찬가지로 비슈누에서 태어났다고 주장한다.

U자 마크
(비슈누 마크)

용왕 아난타(세샤)

원반
(수다르샤나 차크라)

법라
(판차자냐)

곤봉
(카우모다키)

연꽃

원초의 바다

피부는 파란색일 때와 흰색일
때가 있는데, 파란색일 때는
크리슈나를 표현한 것이다.
네 개의 팔과 이마의 U자 표
식이 특징이다.

비슈누를 그린 예술 작품

[왼쪽] 비슈누파의 이야기에서는 비슈누한테서 브라마와 시바가 태어난다.
[오른쪽] 원초의 바다 위에 누워 있는 비슈누를 모든 신들이 찬양하는 모습. 용왕 아난타를 침대로 삼고 있으며, 발 언저리에는 락슈미가 앉아 있다.

아직 세계가 원초의 바다로 뒤덮여 있었을 때 비슈누는 용왕 아난타(세샤) 위에서 잠자고 있었다. 어느 날 비슈누의 왼팔에서 연꽃 줄기가 뻗어 나왔고 아름다운 연꽃이 피었다. 연꽃 속에서 브라마가 나타났다. 세계를 창조한 브라마는 비슈누한테서 태어난 것이다. 그 후 비슈누의 이마에서 시바가 태어났다.

세계 창조에 관한 이 이야기에서 우주의 중심은 창조신 브라마가 아니라 비슈누이다. 큰 뱀 위에 누워 있는 비슈누와 발 언저리에 앉아 있는 아내 락슈미의 모습은 현재도 그림으로 자주 표현되는 제재이다.

비슈누는 화신이 되어 이 세상에 나타나는데, 화신의 수가 열이라는 이야기도 있고, 스물이라는 이야기도 있다. 여기에서는 가장 유명한 열 화신을 소개하겠다.

 인도 신화는 경전에 따라서 결말이 다르다. 시바파의 경전에서 마신 히라냐카시푸를 쓰러트린 비슈누의 화신 나라심하(사람과 사자 반인반수)는 날개 달린 사자 샤라바의 모습으로 변한 시바에게 당한다.

마츠야

| Matsya | मत्स्य | 제1화신 | 대홍수 때 사람들을 구한 물고기 |

어느 날 왕선 사탸브라타가 강에서 제사를 지내는데, 그의 손으로 작은 물고기가 튀어 들어왔다. 작은 물고기가 "저를 구해주십시오"라고 말하기에 그는 물고기를 항아리에 담아 집으로 가지고 와서 키우기로 하였다. 하지만 물고기는 눈 깜짝할 사이에 커졌다. 항아리를 더 큰 것으로 바꾸어도 계속해서 쑥쑥 자랐다.

결국, 물고기를 집에 둘 수 없게 된 왕선은 하는 수 없이 물고기를 바다에 풀어주었다. 하지만 이때 물고기가 "이레 후에 대홍수가 날 것입니다. 제가 큰 배를 이쪽으로 보낼 터이니 당신께서는 배에 태울 성선들과 함께 온갖 생명체와 식물의 씨를 모아주십시오. 그리고 큰 뱀으로 제 몸을 그 배에 묶으십시오"라고 고하였다.

물고기의 말대로 준비하고 있었더니 예언대로 대홍수가 났고 온 세상이 물에 잠겼다. 사탸브라타는 물고기가 끌고 온 거대한 배에 올라탔고 큰 뱀의 모습을 한 용왕 바수키로 배와 물고기의 몸을 묶었다. 그런데 이것이 웬일인가. 물고기는 다름 아닌 비슈누였다. 사탸브라타와 성선들은 홍수로부터 자신들을 구한 비슈누를 찬양하였다.

쿠르마

| Kūrma | कूर्म | 제2화신 | 우유 바다 휘젓기 때 만다라산을 오른 거대한 거북이 |

옛날 옛적에 불사의 약 암리타를 손에 넣기 위해 신들과 마신들이 만다라산을 중심으로 서로 그물을 잡아당기며 바다를 휘저었다. 하지만 너무 세게 휘저은 탓에 바다 바닥에 구멍이 뚫려 산이 가라앉을 위기에 처한다. 비슈누는 거대한 거북이 모습으로 변신해서 바닷속으로 잠수해 들어갔고 축이 되는 산을 등딱지로 지탱하였다. 그 덕분에 바닷물에서 다양한 보물이 태어났고 신들은 암리타를 손에 넣는다. (→154페이지의 우유 바다 휘젓기 참고)

바라하

| Varāha | वराह | 제3화신 | 대지의 여신을 품은 멧돼지 |

먼 옛날에 대성선 카샤파와 아내 디티 사이에서 두 명의 아이가 태어났다. 둘은 마신(아수라)이라 무척 강했고, 성장하자 신들과 싸우기 시작하였다. 머지않아 형 히라냐크샤(황금색 눈을 가진 자)는 대지를 움켜쥐고 바닷속으로 가라앉혔다.

이때 브라마의 아들 마누는 대지가 사라진 것을 보고 깜짝 놀라 아버지에게 호소한다. 마누는 지상에 살며 대지의 여신을 숭배하였기 때문이다. 난처한 브라마가 성선들과 비슈누에게 기도를 올

이 거북이는 아쿠파라라는 거북이라는 말도 있고, 조물주 프라자파티라는 말도 있다. 우유 바다에서는 미와 부의 여신 락슈미와 성스러운 암소 등 다양한 보물이 태어났다.

리자 비슈누의 콧구멍에서 작은 멧돼지가 튀어나왔다. 비슈누의 화신 멧돼지는 점점 커졌고, 자신의 이빨로 바다에 가라앉은 대지를 건져 올렸다. 마신 히라냐크샤는 그 모습을 보고 놀라 서대한 멧돼지에게 싸움을 걸었지만 순식간에 패하고 만다.

나라심하

Narasiṃha │ नरसिंह │ 제4화신 │ 마신을 갈가리 찢어버린 사자

비슈누에게 패한 마신 히라냐크샤에게는 히라냐카시푸라는 남동생이 있었다. 그는 형을 죽인 비슈누에게 복수하기로 맹세하고 혹독한 고행을 해서 불사의 힘을 손에 넣고자 하였다. 히라냐카시푸는 맹렬하게 고행하였다. 그의 고행으로 일어난 불꽃 때문에 세계가 멸망할 위기에 처하자 브라마는 그의 소원인 '마신에게도 신에게도 짐승에게도 죽임을 당하지 않는' 불사의 힘을 주기로 한다.

힘을 얻은 히라냐카시푸는 눈 깜짝할 사이에 세계를 정복하였다. 그리하여 히라냐카시푸는 세계의 왕이 되었지만, 그의 아들 프라흘라다는 마신족임에도 비슈누를 숭배하였다. 히라냐카시푸는 아들의 신앙을 알고 격노하였고, 건방진 아들을 죽이려 하지만, 비슈누 힘으로 보호받는 아들을 상처입히지 못하였다. 아들은 역으로 "비슈누 님은 어디에나 계십니다"라며 비슈누의 위대함을 설하였다. 더욱 화가 난 히라냐카시푸가 "그럼 여기에도 있느냐!"라며

근처에 있는 기둥을 부수자, 거기에서 반은 사자이고 반은 인간의 모습을 한 비슈누가 나타나 히라냐카시푸를 갈가리 찢어버렸다.

비슈누는 사자와 인간으로 이루어진 '마신도 신도 인간도 짐승도 아닌 존재'가 되어 히라냐카시푸를 죽였고, 마신으로부터 신들의 세계를 구하였다.

바마나

Vāmana | वामन | 제5화신 | 하늘을 넘나드는 난쟁이

히라냐카시푸의 손자인 마신 발리는 인드라에게 패한 아버지의 원수를 갚겠다는 서원을 세우고 유력한 브라만 일족인 브리구족의 제자가 되어 수행한 끝에 무적의 힘을 얻는다. 발리는 눈 깜짝할 사이에 인드라가 사는 도시를 정복하고 천계, 지상계, 지하계의 삼계를 지배하였다. 발리는 삼계를 평화롭게 다스렸기 때문에 사람들은 그를 '마하발리(위대한 발리)'라고 부르며 따랐다.

하지만 살던 곳에서 쫓겨난 신들은 자신의 세계를 되찾고 싶어 비슈누에게 기도하였다. 비슈누는 신들의 소원을 모두 들고 성스러운 모습의 난쟁이(바마나)로 환생하여 발리를 찾아간다. 발리는 이 난쟁이가 무척 마음에 들어서 스승이 만류함에도 듣지 않고 "무엇이든 원하는 것을 주마"라고 약속하였다.

난쟁이는 "그럼 세 걸음만큼의 땅을 주십시오"라고 청하였다.

 '멧돼지 모습을 한 신이 세상을 구한다'는 것은 꽤 오랜 옛날부터 있던 신화 모티브이다. 비아리아계 토착인의 '성스러운 돼지' 신앙을 발전시킨 듯하다. 멧돼지와 돼지는 새끼를 많이 낳기 때문에 풍요의 상징으로 여긴다.

column 인도 신화 여담

마신 마하발리의 인기

마신 마하발리는 오늘날에도 무척 인기가 많다. 케랄라주에서는 일 년에 한 번 지상으로 돌아오는 마하발리를 환영하는 오남 축제가 열린다. 지면에 생화로 푸칼람이라는 아름다운 길상무늬를 그리고, 호랑이 모습을 하고 가장행렬을 하는 것으로 유명하다.

겸허한 난쟁이의 소원을 듣고 만족스러운 기분이 든 발리는 소원을 들어주기로 한다. 그러자 난쟁이는 갑자기 거인이 되었고, 한 걸음으로 전 지상을 밟고, 두 걸음으로 하늘 너머 천계 전체를 밟았다.

마신들은 비슈누의 사기와 다름없는 행위에 분노하였지만, 발리는 그들을 진정시켰다. 세 걸음째 걸음으로 어디를 밟는 것이 좋겠느냐고 묻는 비슈누에게 발리는 "약속대로 세 걸음만큼의 땅을 내어 드리겠습니다. 저의 머리 위에 발을 올리십시오. 거만하였던 저에게 깨달음을 주셨습니다"라며 머리를 내밀었다.

비슈누는 훌륭한 마음가짐을 지닌 발리를 상찬하며 지하계를 발리에게 건넸다. 발리는 비슈누에게 감사하며 마신들과 함께 지하에서 살기로 한다.

파라슈라마

Paraśurāma | परशुराम | 제6화신 | 도끼(파라슈)를 든 라마

   성선 자마다그니는 어느 날 암자를 방문한 하이하야국의 카르타비랴 아르주나 왕을 신성한 암소 카마데누가 내준 보물로 극진하게 대접하였다. 신성한 암소는 원하는 물건은 뭐든 내어주는 근사한 힘을 가지고 있었다. 하지만 욕심이 난 왕은 암소를 빼앗아 도읍 마히슈마티로 돌아왔다.

   성선의 아들인 파라슈라마는 소중한 소를 빼앗긴 사실을 알고 도끼(파라슈)를 들고 도읍으로 향하였다. 그는 왕의 군대와 싸운 후 왕을 죽이고 암소를 되찾았다. 하지만 암소를 데리고 돌아온 파라슈라마에게 아버지가 왕을 죽인 대죄를 참회하라며 나무라자 집을 나가버린다.

   그 후 아르주나 왕의 아들들은 아버지를 살해당한 것에 대한 보복으로 성선을 죽여버린다. 자신이 집을 비운 사이에 아버지가 살해당한 것을 알고 격노한 파라슈라마는 다시 도읍으로 가서 왕자뿐 아니라 나라에 있던 모든 크샤트리아 남자를 죽여버렸다. 파라슈라마는 그 후 21번이나 크샤트리아를 참살한다.

   자마다그니는 파라슈라마의 공양을 받아서 칠성선 중의 한 사람이 된다.

시바의 무기 파라슈(도끼)를 든 브라만이 크샤트리아를 모조리 죽여버리는 다소 끔찍한 이야기이다. 크샤트리아와 브라만의 힘 관계와 정치적인 관계를 엿볼 수 있는 이야기이다.

라마

Rāma | राम | 제7화신 | 서사시 『라마야나』의 주인공, 라마 왕자

코살라국의 라마 왕자는 누구나가 인정하는 훌륭한 인물이었다. 하지만 왕위를 계승 받기 직전에 나라에서 추방당하여 아내와 남동생과 함께 숲에서 살게 된다. 그러던 어느 날 아내 시타가 마왕 라바나에게 납치되지만, 라마는 원숭이족 하누만 등의 협력을 얻어 무사히 시타를 되찾는다. (→상세한 내용은 86페이지의 「라마」 참고)

크리슈나

Kṛṣṇa | कृष्ण | 제8화신 | 서사시 『마하바라타』의 영웅 크리슈나

크리슈나는 야다바족 바수데바 왕자의 아들로 태어난다. 하지만 숙부 캄사가 목숨을 노려 목동의 손에서 자란다. 불가사의한 힘을 가지고 태어난 크리슈나는 캄사가 보낸 자객을 차례로 쓰러트린다. 그 후 훌륭한 청년으로 성장한 크리슈나는 캄사를 쓰러트리고 야다바족의 왕이 된다.

『마하바라타』에서는 아르주나의 좋은 벗으로 등장하여 쿠루족 대전쟁에 마부로 참전한다. (→상세한 내용은 80페이지의 「크리슈나」 참고)

비슈누의 화신은 같은 시대에 여러 명 존재하기도 한다. 라마 왕자의 형제들에게는 모두 비슈누의 신성이 기들어 있고, 파라슈라마는 『라마야나』에도 등장하고 『마하바라타』에도 등장한다.

불교와의 미묘한 관계

붓다를 힌두교의 주신 비슈누의 화신으로 삼은 점이 다소 기묘한데, 불교의 인기를 브라만교로 흡수하고자 한 브라만들의 고육지책인 듯하다. 제9의 화신에 대해서는 여러 설이 있는데, 크리슈나의 형 발라라마(용왕 아난타)라는 설도 있다.

메트로폴리탄 미술관에서 보관 중인 보살상(1~3세기). 인도 북서지방(현재의 파키스탄)에서는 간다라 미술 양식의 불상이 왕성하게 제작되었다.

붓다

| Buddha | बुद्ध | 제9화신 | 삿된 자들에게 부도덕한 가르침을 설파하는 신 |

옛날에 신들과 마족들이 전쟁을 벌여서 신들이 패한 적이 있었다. 마신들 때문에 골머리를 썩이는 신들을 구제하기 위해 비슈누는 슈도다나 왕의 아들로 지상에 태어났다. 왕자는 신성한 베다를 존중하지 않고 이단자가 되었다. 왕자는 삿된 교리인 '불교'를 설파하였고, 그에게 인도된 마신들은 불교도가 되어 베다의 종교를

버렸다. 그들은 베다의 제식을 행하지 않았고, 신을 믿지 않았기 때문에 힘을 잃었으며, 지옥에 떨어지기에 합당한 존재가 되었다. 그리고 이 세계는 종말로 향해 나아갔다.

칼키

| Kalki | कल्कि | 제10화신 | 새로운 세계를 창조하는 백마를 탄 신 |

　세계 종말의 시기 '칼리유가'의 끝 무렵이 되면 사람들은 베다를 외지 않게 되고, 신에게 제식도 올리지 않게 된다. 다스유(비아리아계 토착인)가 판을 치고, 베다가 정한 신성한 신분 제도가 붕괴되고, 전 세계가 혼란에 빠진다. 왕을 가장한 믈레차(외국인. 베다의 가르침을 지키지 않는 자들)가 인간을 먹고, 종교 아닌 것이 종교처럼 판친다. 도덕이 사라진 세계에 비슈누는 칼키로 태어난다. 칼키는 이성적인 왕이 되어 미개한 민족을 쳐부수고, 악과 부도덕과 불법을 멸하고, 새로운 세계를 창조한다.

　현재는 그야말로 칼리유가 시기에 해당한다고 말한다. 즉 종말을 이끌 칼키가 출현하는 것은 앞으로의 미래이다. 칼키는 백마를 타고 검을 든 모습, 혹은 백마의 머리를 든 신의 모습으로 묘사된다.

크리슈나

Profile Data				
발 음	Kṛṣṇa		산스크리트	कृष्ण
별 칭	바수데바, 고빈다(소들의 주인), 고팔라(목동), 마다바(봄을 나르는 자), 케샤바(빛나는 자)			
소 유 물	유소년기에는 우유 항아리, 목동일 때는 피리, 그 외의 경우에는 비슈누와 동일			
타고 다니는 것	흰 인도혹소, 공작			

비슈누의 여덟 번째 화신이자 『마하바라타』의 영웅

크리슈나는 가장 인기 있는 신 중의 한 명이다. 『마하바라타』에 등장하는 영웅이기도 하며, 크리슈나야말로 진정한 비슈누라며 신앙하는 사람도 있다. 크리슈나는 기원전에 존재하였던 야다바족의 정신적 지도자였다고 한다. 사후에 자신이 설파한 신 바가바드와 동일시되었고, 이러한 세력을 흡수하려는 브라만교에 의해 비슈누의 화신이 된다. 크리슈나를 대표하는 세 가지 이야기를 소개하겠다.

이야기 1 크리슈나의 탄생

어느 날 지상에서 마족의 세력이 커져 대지의 여신과 신들이 곤란해하였다. 이 모습을 본 비슈누는 인간 세계에 환생하기로 결심한다. 비슈누를 돕기 위해 천녀들은 소를 치는 여인으로, 비슈누를 보호하는 용왕 아난타는 그의 형으로 함께 인간 세계에 내려온다.

 인도에서 크리슈나의 인기는 절대적이다. 특히 아기 모습을 한 '베이비 크리슈나'는 우유 항아리를 든 사랑스러운 모습으로 자주 그려진다. 남자아이에게 아기 크리슈나의 복장을 입히고 사진을 찍기도 한다.

공작 깃털

U자 마크
(비슈누 마크)

피리

목동 크리슈나. 피리의 명수
이다. 공작이나 소와 함께 있
는 때도 있다. 몹시 잘 생겨서
크리슈나를 본 여성은 모두
사랑에 빠진다.

허리에 두른 천은
황금색

한편, 지상에서는 우그라세나 왕의 아들 캄사 왕자가 "수라세나 국 바수데바 왕자의 여덟 번째 아들이 언젠가 너를 죽일 것이다"라는 불길한 예언을 듣는다. 캄사는 깜짝 놀랐다. 때마침 여동생 데바키 공주와 바수데바 왕자를 태운 마차를 몰던 중이었기 때문이다. 두 사람은 이제 막 결혼한 참이었다. 캄사는 즉시 여동생을 죽이려 하지만, 바수데바가 "사내아이가 태어나면 모두 바치겠습니다"라고 약속함으로써 새신부의 목숨을 구한다.

그 후 스스로 왕위에 오른 캄사는 두 사람을 감금하고 사내아이는 태어나는 족족 죽여버렸다. 하지만 일곱 번째 아이는 여신의 힘으로 바수데바의 다른 아내의 자궁으로 옮겨져 무사히 태어났다. 그는 용왕 아난타의 화신으로 발라라마라는 이름을 가지게 된다. 그리고 여덟 번째 아기는 태어나는 즉시 불가사의한 힘에 의해 감옥에서 빠져나갔다. 이 아기야말로 비슈누의 화신, 크리슈나이다.

어린 비슈누는 목동의 아들로서 자라났다. 장난을 좋아하는 크리슈나는 버터 제작용 우유 항아리를 훔쳐선 그 안에 든 버터를 먹어 치워 계모 야쇼다에게 야단을 맞기도 하였다. 목동들은 귀여운 크리슈나의 성장을 흐뭇하게 지켜보았다.

목동이었을 때 크리슈나는 여성에게 인기 많은 아름다운 청년이었다. 그는 분신을 만들어 자신에게 사랑을 고백한 여성 모두를 상대하였고, 왕이 된 후에는 16,108명의 아내를 두었다.

이야기2 캄사 왕을 쓰러트리고 부모를 구해내다

크리슈나가 달아난 사실을 안 캄사 왕은 근처 마을과 도시에 사는 사내아이를 모조리 죽이기 위해 락샤사족의 여성 자객 푸타나를 보냈다. 자객은 크리슈나를 발견하고 그의 어머니 대신에 독을 탄 우유를 먹이려 하였다. 하지만 크리슈나는 엄청난 힘으로 우유를 빨아들였고 목숨까지 빨려버린 자객은 죽고 만다. 그 후에도 캄사 왕은 계속해서 자객을 보냈지만, 크리슈나에게 퇴치당한다. 태어날 때부터 크리슈나에게는 불가사의한 힘이 있었기 때문이다.

어느 날 야무나강에 용왕 칼리야들이 둥지를 틀고 독으로 강물을 오염시켰다. 사람들이 곤란해하는 모습을 보고 크리슈나는 칼리야를 퇴치하고자 용감하게 길을 나섰고, 보란 듯이 퇴치에 성공하였다. 성장할수록 크리슈나는 평판이 높아져 사람들의 입에 오르내리게 되었다. 또 크리슈나는 멋지고 아름다운 청년이었기 때문에 그를 본 여성은 모두 사랑에 빠졌다.

캄사 왕은 크리슈나가 살아 있음을 알고 시바 축제 때 왕성으로 초대하여 그곳에서 죽이려고 계획하였다. 왕성에서 개최된 격투대회에 참가한 크리슈나는 형 발라라마와 함께 그들을 공격해 오는 자객을 모두 쓰러트렸다. 화가 치밀어 오른 캄사 왕이 직접 크리슈나를 덮쳤지만, 크리슈나는 보란 듯이 캄사 왕을 물리쳤다. 크리슈나는 왕성에 잡혀 있는 친부모와 캄사 왕의 아버지를 구출하고 나라를 되찾았다. 그 후 캄사 왕에게 살해된 죽은 형제들도 사자의 나라에서 구출해냈고 천계로 데려갔다.

『바가바타 푸라나』는 크리슈나야말로 최고신이라고 설파하는 경전이다. 이 경전에는 크리슈나(비슈누)의 화신은 스무 가지라고 적혀 있다. 다양한 에피소드가 나오고, 시바의 아내 사티의 이야기도 나온다.

이야기3 야다바족의 왕과 영웅의 죽음

크리슈나가 야다바족의 왕이 된 후 나라는 평화로워졌다. 하지만 캄사 왕의 왕비의 출신국인 마가다국과의 알력 문제도 있고, 인도 북서지방에 있는 그리스인 세력의 압력도 있어서 수도 마두라는 안전하지 않았다. 이에 크리슈나는 마두라를 버리고 바다 옆의 드바라카로 천도하였다.

수도는 아름다운 산에 둘러싸인 요새였으며, 무척 비옥하였다. 또 크리슈나는 최강의 군대를 가지고 있었기 때문에 제국의 왕들은 모두 크리슈나를 존경하였다. 『마하바라타』에 나오는 쿠루족 대전쟁은 이 시기에 벌어진 것이며, 크리슈나는 아르주나를 돕는다.

대전쟁이 끝난 후 야다바족 사람들은 자만에 빠져 타락하였고, 전쟁을 벌여 많은 사람이 목숨을 잃었다. 크리슈나는 이 세상에서 해야 할 역할을 다 하였음을 깨닫고 산으로 들어갔다. 어느 날 사냥꾼이 명상 중이던 크리슈나를 사슴으로 착각하여 활을 쏜다. 약점인 발바닥을 맞은 크리슈나는 절명하였고 천계로 돌아갔다. 영화롭던 야다바족의 수도 드바라카는 바다에 가라앉았다.

column 크리슈나에 얽힌 흥미로운 이야기

복잡한 영웅 크리슈나

장난을 좋아하던 유소년기의 크리슈나 이야기와, 목동이던 청소년기의 이야기, 『마하바라타』에 등장하는 야다바족의 왕으로서의 크리슈나는 성격이 모두 다르다. 왕이 된 크리슈나는 의심할 여지 없는 신의 모습을 보이고, 때로는 아르주나에게 비정한 조언을 하기도 한다. 이는 크리슈나의 모델이 된 사람이 한 명이 아니기 때문이다. 여러 영웅과 신격이던 존재를 모두 흡수하여 동일시하였기 때문이다.

크리슈나가 최고!

크리슈나 이야기는 당연히 비슈누파의 경전에 실려 있기 때문에 비슈누가 수많은 다른 신보다 얼마나 더 뛰어난지가 적혀 있다. 크리슈나의 적인 캄사 왕은 시바를 숭배한다. 또 용왕 칼리야를 무찌르고 독을 제압하는 이야기는 우유 바다 휘젓기에서 용왕 바수키의 독을 삼킨 시바를 연상시킨다. 크리슈나는 인드라에게 제사를 지내지 말라고도 한다. 크리슈나를 사랑하는 신자에게는 크리슈나가 세상에서 가장 위대한 신인 것이다.

우유 항아리와 아기 크리슈나

라마

Profile Data			
발　　음	Rāma	산스크리트	राम
별　　칭	라마찬드라		
소　유　물	비슈누의 활(사랑가), 활이 끝없이 나오는 활통		
타고 다니는 것	—		

비슈누의 일곱 번째 화신이자 『라마야나』의 영웅

라마는 『라마야나』의 주인공으로 코살라국의 왕자이다. 납치된 왕비를 구해내기 위해 마왕 라바나와 대결하는 영웅 이야기는 전 세계의 많은 사람들에게 사랑받고 있다. 라마는 다르마(법·덕·정의)를 수호하고, 부모에게 충실하며, 신처럼 결점이 없는 고결한 인물로 묘사된다. 비슈누의 화신이므로 당연한지도 모르지만, 고결한 성품으로 인해 나라에서 추방되고, 이로 인해 아버지 다사라타 왕이 죽기도 한다. 라마 왕자는 백성들에게도 사랑받았다. 왕자가 나라를 떠난다는 사실을 안 백성들은 성으로 밀려든다.

라마는 여기저기를 떠돌다가 들른 비데하국에서 자나카 왕의 딸인 시타 공주를 왕비로 맞이한다. 공주의 신랑감 고르기 의식에서 아무도 들어 올리지 못한 시바의 활을 라마는 가볍게 당기다 못해 부러트린다.

라마 왕자는 활의 명수라서 활을 든 청년의 모습으로 그려진다. 또, 언제나 그의 곁을 남동생 락슈마나가 따른다.

 라마가 태어난 코살라국은 기원전 10세기경 전후에 고대 인도에 실제로 있던 왕국이다. 마왕 라바나의 성이 있는 랑카섬은 현재의 스리랑카에 해당한다. 신화에 역사적 사실도 일부 포함되어 있는 듯하다.

U자 마크(비슈누 마크)

왕관이나
머리 장식은 없다

비슈누의
화살(샤랑가)

활이 끝없이
나오는 활통

보리수 열매로 된
액세서리
(수행자가 차는 것)

활의 명수.
나라에서 추방된 후 수
행자의 모습으로 마왕
라바나와 싸운다.

하누만

Profile Data				
발　　　음	Hanuman		산스크리트	हनुमन्
별　　　칭	하누만, 하누마트(턱뼈를 가진 자), 랑카다힌(랑카섬을 불태운 자)			
소 유 물	곤봉(가다)			
타고 다니는 것	—			

라마 왕자에게 충성을 맹세한 반신

하누만(하누마트)은 『라마야나』에서 대활약하는 원숭이 반신이다. 힘이 장사이고, 몸의 크기를 자유자재로 바꿀 수 있고, 하늘을 날 수 있다. 그는 이러한 능력을 써서 라마를 돕는다. 원숭이왕 수그리바의 부하인 그는 혼자서 랑카섬에 잠입하여 시타를 찾고, 활을 맞은 락슈마나를 구하기 위해 히말라야의 카일라스산을 통째로 잘라오는 등 크게 활약한다. 풍신 바유와 아프사라스족 안자나 사이에서 태어났는데, 시바파 경전에서는 시바의 화신이라고 나온다. 어린 시절에 태양을 탐해서 인드라가 턱을 부수어버렸다는 이야기도 있다.

또 하누만은 『마하바라타』에도 잠깐 등장하는데, 다섯 왕자 중의 한 명인 비마와 해후한다. 비마는 바유의 아들이기도 하니, 하누만은 그의 형에 해당한다고 할 수 있다. 하누만은 『라마야나』에서 활약하였던 전설의 원숭이로 등장하여 동생 비마에게 힘을 전수해준다.

 『라마야나』는 동남아시아와 중국에도 영향을 주었다. 특히 하누만은 『서유기』에 나오는 손오공의 모델이라는 설이 있다. 몸의 크기를 자유자재로 변화시키고 하늘을 나는 특징이 손오공과 동일하다.

U자 마크

히말라야의
카일라스산

곤봉(가다)

라마 왕자의 친구이자 충실
한 부하. 산을 들고 있는 이유
는 산에 자생하는 약초를 찾
을 시간이 없어서 산을 통째
로 들고 왔다는 에피소드가
있기 때문이다.

시타

Profile Data				
발 음	Sītā		산스크리트	सीता
별 칭	부미자(대지에서 태어난 여인), 파르티비(대지의 딸)			
소 유 물	—			
타고 다니는 것	—			

라마 왕자의 정숙한 아내이자 대지 여신의 딸

　시타는 『라마야나』에 등장하는 라마 왕자의 아내이다. 자나카 왕은 제사를 지내기 위해 지면을 파다가 논두렁 속에서 갓난아이를 발견한다. 그녀는 대지 여신의 딸이었으므로 자나카 왕은 기뻐하며 그녀를 자신의 딸로 키운다.

　시타의 남편은 비슈누의 화신인 라마 왕자이다. 비슈누의 아내인 락슈미는 비슈누가 화신으로 세상에 모습을 나타낼 때마다 아내로서 따라다닌다고 하니 시타는 락슈미의 화신이라고 할 수 있다.

　라마를 한결같이 사랑하는 시타는 인도 여성의 귀감이다. 하지만 그녀는 라바나에게 납치되었을 때 정조를 잃은 것이 아니냐는 의심을 받고 결백을 증명하기 위해 불 속을 걷는다. 시타는 신들의 수호를 받아 무사하였지만, 라마가 끝내 믿어주지 않아, 라마와 헤어진 후 홀로 아이를 낳는다. 그 후 다시 한 번 맹세를 해달라는 라마의 말을 등지고 대지 여신의 곁으로 돌아간다. 그리고 두 번 다시 지상으로 돌아오지 않는다.

 라바나가 시타에게 손대지 않은 것은, 과거에 그가 천녀에게 난폭한 짓을 하였을 때 분노한 브라마가 "한 번만 더 여성을 강제로 추행하면 네 머리는 산산조각으로 부서질 것이다"라고 저주를 걸었기 때문이다.

자간나트

Profile Data			
발　　음	Jagannāth(a)	산스크리트	जगन्नाथ
별　　칭	자간나타(우주의 주인)		
소 유 물	비슈누와 동일		
타고 다니는 것	가루다		

주로 동인도 오리사주 푸리에서 신앙하는 우주의 신

자간나트는 크리슈나와 동일시되며, 크리슈나의 형 발라라마와 여동생 수바드라와 함께 숭배된다. 검고 동그란 얼굴, 눈 주변을 붉게 칠한 모습이 귀염성이 있다. 동인도의 오리사 지방과 벵골 지방에서 특히 인기가 많은 신이다. 세 명의 조각상을 함께 모아 놓기도 하는데, 흰색이 발라라마, 검은색이 크리슈나, 노란색이 수바드라이다. 자간나타는 '우주의 주인'이라는 뜻이다. 특색있는 모습을 통해서도 알 수 있지만, 지방신이던 것을 비슈누 신앙으로 흡수하여 발전시킨 것으로 추정된다.

자간나타를 숭배하는 자간나트 사원은 힌두교의 4대 성지 중의 하나이다. 이곳에는 많은 축제가 있는데, 특히 '라마 야트라 축제'가 성대하다. 사원을 본뜬 거대한 수레가 거리를 행진하는데, 수레를 본 사람에게는 행운이 찾아온다고 믿기 때문에 수만 명의 신자가 인도 각지에서 몰려든다. 오리사 지방의 전통 무용 '오디시' 중에는 자간나트에게 바치는 춤도 있다.

시바

Profile Data

발　음	Śiva	산스크리트	शिव
별　칭	마헤슈바라(위대한 주인), 바이라바(무시무시한 자), 할라(파괴자), 산카라 (길상한 자), 마하데바(위대한 신), 파슈파티(짐승들의 왕), 마하칼라(위대 한 시간, 암흑), 대흑천, 대자재천, 청경관음		
소 유 물	삼지창, 뱀(나가), 달, 머리에서 물을 뿜는 강가 여신, 북(다마루), 루드락샤 (보리수 열매) 목걸이와 팔찌, 화염		
타고 다니는 것	난디(흰 인도혹소)		

'파괴'를 관장하는 최고신 중의 한 기둥

시바는 힌두교 최고신 중의 한 명으로서 무척 인기가 많은 신이다. 세계를 파괴하는 무서운 면도 있고, 병을 치유해주는 자애로운 면도 있다. 삼위일체 사상에서는 브라마가 세계를 창조하고, 비슈누가 유지하고, 시바가 파괴한다고 말한다.

시바는 '길상'을 뜻하는 말이었는데, 난폭한 신인 풍신 루드라와 서서히 동일시된다. 루드라는 폭풍우로 사람들을 죽이는 무서운 신이고 마신족(아수라)에 가까운 존재이지만, 은혜로운 비를 내리는 신이기도 하다. 파괴와 창조를 관장하는 시바의 이면성은 루드라한데서 계승된 듯하다.

하지만 시바는 루드라보다 인도 고대의 토착신으로서의 요소가 강하다. 인더스 문명 유적에서 시바와 같은 요가 포즈를 취하고 있는 인물의 인장이 발견되었다. 시바의 본존은 남성기를 본뜬 시

강가 여신(시바가 머리카락으로
갠지스강을 받아낸 에피소드가 있다)

초승달
(불사의 상징)

제3의 눈

삼지창
(트리슐라)

이마에 그려진
3개의 선(시바를 상징)

북(다마루)

독사(나가)
(죽음과 재생의 상징)

루드락샤
액세서리

호피를 두르고 호랑이 가죽
위에 앉아 있는 모습. 북으
로 우주의 리듬을 탄다. 제3
의 눈은 언제나 반개하고 있
다. 눈이 완전히 뜨이면 광선
이 뿜어져 나와 세계를 모조
리 불태워 버린다.

호랑이 가죽

바링가라고 불리는 돌로 된 막대기이고, 토대는 여성기(요니)인데, 생식기 숭배는 초기 브라만교에는 없던 것이다.

또 시바의 아내들은 본디 지방에서 숭배되던 토착 여신들이다. 아들 가네샤와 스칸다도 여신들과 마찬가지로 시바와는 다른 기원을 지닌 지방신인 것으로 미루어보아 생식기 숭배를 비롯한 토착신에 대한 신앙이 시바를 중심으로 브라만교의 흐름을 이어받은 정통 힌두교의 경전에서 통합된 듯하다.

여신을 최고신으로 숭배하는 여신 신앙에서는 시바가 여신의 파트너로서 중요시된다. 시바의 아내들은 시바의 성스러운 힘(샥티)의 행사자이다.

시바는 비슈누처럼 화신(아바타라)이 되는 경우는 거의 없다. 직접 다양한 모습을 하고 나타난다. 시바는 다른 신과 달리 황금 액세서리를 거의 하지 않고, 표범 가죽으로 된 옷을 몸에 두르고 있다. 이는 시바 본인이 신이면서 동시에 수행자이기 때문이다. 그림에서는 히말라야에서 가부좌를 틀고 명상하는 모습으로 자주 표현된다.

그럼 다양한 시바의 모습을 살펴보도록 하겠다.

바이라바 세계의 파괴신

'두려운 자'라는 뜻으로 시바의 무서운 모습이다. 손에는 많은 무기를 들었고, 머리카락은 곤두섰으며, 눈은 부릅뜬 무서운 형상

 모험 액션 영화 『인디아나 존스 : 미궁의 전설(1984)』를 보면 살인자 집단이 산카라 스톤이라는 둥근 돌을 찾아다닌다. '산카라=시바'이므로 시바링가를 찾는 것이다. 살인자 집단이 신봉하는 신은 칼리이다.

을 하고 있다. 링가가 서 있기도 하다.

바이라바는 시바의 아내 사티의 사체가 찢겨져 떨어진 곳을 수호한다. 네팔과 동인도에는 여신을 모시는 팔모신 신앙과 관련하여 8종 혹은 64종의 바이라바가 있다고 한다. (→150페이지의「다키니」참고)

개를 타고 다닌다. 고대 인도에서 개는 시체를 먹기 때문에 불길한 존재로 간주되었다. 개를 데리고 다니는 무서운 모습의 바이라바는 여신 칼리와 차문다와 쌍을 이루는 존재이다.

가자수라삼하라 코리끼 마신을 죽인 시바

코끼리 마신을 죽인 시바의 모습이다. 여신 두르가가 무찌른 마신 마히샤수라의 아들 중에 가자수라(코끼리 마신)라는 마신이 있었다. 시바는 가자수라와 싸워 보란 듯이 승리하였고, 코끼리의 가죽을 벗겨 가죽을 찢으며 춤을 추었다.

링가라자 링가의 왕

시바링가는 시바의 상징이다. 거대한 기둥에서 모습을 드러낸 시바상을 사원 조각에서 흔히 볼 수 있는데, 이는 비슈누와 브라마가 싸웠을 때 거대한 링가에서 시바가 나타났다는 이야기를 표현한 것이다. (→180페이지의「시바링가 사건」참고)

바이라바는 링가가 서 있는 상태로 그려지기도 하는데, 이는 금욕하며 힘을 모아 둔 상태를 표현한 것이다. 또 야마도 개를 타고 다니는데, 죽어야 할 자를 냄새로 분간해서 사자의 나라로 데려간다.

나타라자 춤의 왕

　어느 날 시바를 싫어하는 성선들이 모여 시바를 죽이기로 뜻을 모았다. 사나운 호랑이를 자객으로 보냈지만, 시바는 호랑이를 퇴치하고 가죽을 벗기며 춤을 추었다. 놀란 성선들은 맹독을 지닌 큰 뱀을 풀어놓았지만, 시바는 뱀을 집어 들어 목걸이로 삼고 계속해서 춤을 추었다. 성선들은 이번에야말로 반드시 시바를 죽이겠다며 마물을 보냈지만, 시바는 마물을 발로 밟고 춤을 추었다. 시바의 압도적인 힘에 놀란 성선들이 하늘을 올려다보니 천계의 신들이 넋을 놓고 시바의 춤을 보고 있었다. 시바야말로 우주의 주인임을 깨달은 성선들은 생각을 고쳐먹고 시바를 숭배하였다.

　고대에 춤은 무척 중요한 종교의식 중의 하나였다. 『나티야샤스트라』라는 무용론서를 보면 시바는 무용의 신이며 해 질 녘에 108종류의 춤을 추었다고 한다. 시바가 한쪽 발을 들고 춤추는 모습은 '나타라자'라고 불리며, 남인도에서 힌두교 왕조 때 수많은 조각과 동상이 만들어졌다.

 인도의 신에게 팔과 얼굴이 많은 것은 보통의 인간에게는 없는 초월적인 힘을 표현하기 위해서이다. 손에는 각각의 신의 힘을 상징하는 무기와 아이템이 들려 있다. 아무것도 들지 않은 경우에는 수인(무드라)을 맺고 있다.

column 인도의 신화와 문화

왜 인도의 신은 피부가 푸른색일까?!

인도에는 피부색이 푸른 신이 많다. 시바, 크리슈나, 칼리 등 등……. 하지만 그들의 피부는 사실 푸르지 않다. 거무스름한 피부색을 회화적으로 표현할 때 푸른색을 사용하는 것뿐이다. 브라만교는 피부색이 하얀 아리아인의 종교이다. 정통 힌두교에서 흰색은 성스러운 색이고, 검은색은 부정한 색이다. 그래서 거무스름한 피부색을 표현하고자 할 때는 푸른색을 사용하였다. 즉 피부색이 푸른 신은 인도의 토착신이다(참고로 남인도에서는 녹색을 사용하기도 한다). 한편, 푸리의 지방신 자간나트, 시바링가, 칼리 등은 검은색으로 표현된다. 때로 검은색은 부정한 색이 아니라 신성한 색이 되기도 한다. 정반대의 사고방식도 받아들이는 힌두교의 유연함이 흥미롭다.

나타라자. 시바의 춤왕으로서의 모습.

라마의 모습을 한 자간나트.

가네샤

Profile Data			
발　　　음	Gaṇeśa	산스크리트	गणेश
별　　　칭	가나파티(군중의 주인, 시바신에게 봉사하는 신들 무리의 장), 에카단타(이빨이 하나뿐인 자), 비그네슈와라(장해를 없애는 자), 모다카프리야(모다카를 좋아하는 신), 비나야카(최상), 관희천, 성천		
소　유　물	삼지창, 코끼리를 부릴 수 있는 지팡이(안쿠샤), 새끼줄(파샤), 연꽃, 모다카(달콤한 떡), 코끼리 이빨		
타고 다니는 것	쥐		

행운을 가져다주는 상업과 학문의 코끼리 머리 신

코끼리 얼굴이 유머러스한 가네샤는 시바의 아들이다. 시바의 권속들을 통솔하는 리더라서 가나파티(군중의 주인)라고 불린다. 머리가 코끼리인 이유는 시바가 머리를 잘라버린 후 지나가던 코끼리 머리를 붙여놓았기 때문이라는 설이 있다.

오늘날에는 인도 전역에서 인기가 많지만, 원래는 인도 일부 지역의 신이었다. 가네샤를 모시면 행운을 불러들이고 장해를 제거해주는 효험이 있다고 하며, 특히 장사의 신으로서 인기가 많다. 사업을 시작할 때 가네샤에게 기도를 올린다.

현재도 서인도 마하라슈트라주의 푸네에서는 가네샤 축제가 성대하게 열린다. 해당 지역의 가게들은 효험을 보고자 큰맘을 먹고 화려하게 가네샤 상을 장식한다. 또 가네샤는 학문의 신으로서도 유명해서 『마하바라타』를 쓴 것이 가네샤라고 말하기도 한다. 성

코끼리를
부릴 수 있는
지팡이(안쿠샤)

한쪽 이빨은
부러짐

새끼줄(파샤)

모다카
(코코넛이 든 떡)

아바야
무드라

쥐

오른손은 '걱정하지 않아도
된다'는 뜻을 지닌 '아바라 무
드라'를 취하고 있다.

선 비야사가 한 이야기를 성스러운 글자로 적은 것이 가네샤라는 것이다.

코끼리를 연상시키는 투실투실한 몸을 하고 있지만, 타고 다니는 동물은 자그마한 쥐이다. 친근하게 느껴지는 둥글둥글한 모습과 부를 가져다주는 은혜로운 면모가 인기의 비결인 듯하다. 그림에는 부의 여신 락슈미, 학문의 여신 사라스바티와 함께 셋이 그려지기도 한다.

가네샤의 머리가 코끼리인 데는 다음과 같은 이유가 있다.

어느 날 자신에게 충실한 자식이 가지고 싶어진 파르바티는 시바가 집을 비운 사이에 자신의 때를 반죽해서 아들을 만들었다. 만족한 파르바티는 자신이 목욕하는 동안에 아무도 방에 들어오지 못하게 잘 지키라고 아들에게 말하였다. 아들은 어머니의 당부대로 문 앞에서 보초를 섰다. 그런데 시바가 집에 돌아왔는데, 낯선 남자가 집 앞에 서서 들어가지 못하게 하는 것이 아닌가. 화가 난 시바는 다툼 끝에 남자의 머리를 잘라 멀리 던져버렸다. 파르바티는 이제 막 태어난 아들을 시바가 죽인 것을 알고 분노하여 시바와 싸우려 하였다. 파르바티는 전쟁의 신 두르가이기도 하다. 당황한 시바는 아들의 머리를 찾으러 갔지만 찾을 수 없었다. 하는 수 없이 지나가던 코끼리의 목을 따 아들에게 붙여주었더니 살아났다. 그리하여 가네샤의 머리가 코끼리가 된 것이다.

다른 이야기도 있다. 가네샤의 탄생 축하 자리에 많은 신들이 초대받았는데, 그중에는 토성의 신 샤니도 있었다. 샤니의 눈에는

column 가네샤에 얽힌 흥미로운 이야기

부와 행운을 거느리는 가네샤

가네샤는 오늘날에는 인기가 많지만, 사실 『마하바라타』나 『라마야나』에서는 별로 언급이 없다. 지방에서 신봉되다가 비교적 최근에 힌두교로 흡수된 신참 신이기 때문이다. 가네샤는 학문을 연구하는 신이기 때문에 독신이라는 설도 있고, 리디(부)와 시디(행운)라는 두 명의 아내가 있다는 설도 있다. 가네샤는 둥글둥글한 체형을 통해 쉽게 짐작할 수 있듯이 단 음식을 좋아한다. 가네샤 그림에는 반드시 군것질거리가 그려져 있는데, 모다카라는 코코넛이 든 달콤한 떡을 특히 좋아한다. 그래서 가네샤를 모다카프리야(모다카를 좋아하는 신)라고 부르기도 한다.

사악한 힘이 있어서 본 것을 파괴시키고 죽여버리기 때문에 축하자리에 초대받기는 하였으나 줄곧 고개를 숙이고 있었다.

하지만 파르바티는 "고개를 들고 제 아들의 탄생을 축하해주십시오"라며 졸랐고, 샤니가 가네샤를 바라보자 가네샤의 머리는 파괴되고 말았다. 하는 수 없이 시바가 대신 코끼리의 머리를 붙여주었다고 한다.

가네샤의 이빨은 오른쪽은 부러지고 왼쪽만 있다(반대인 경우도 있다). 이유는 시바의 도끼를 지닌 성선 파라슈라마와 싸웠을 때 아버지 시바의 도끼임을 알고 피하지 않아서 이빨이 부러졌다는 설과, 밤길을 걷다 넘어진 것을 보고 달이 웃자 이빨을 던지며 달을 저주하였다는 설이 있다.

스칸다

Profile Data			
발　　음	Skanda	산스크리트	स्कन्द
별　　칭	무루간, 수브라마냐(남인도), 카르티케야(플레이아데스 성단), 쿠마라(소년), 마하세나(위대한 전사), 샥티다라(창을 가진 자), 위타천		
소　유　물	창(벨), 활, 수탉, 삼지창, 새끼줄		
타고 다니는 것	공작(파라바니)		

신들의 왕 인드라가 반한 아름다운 전투의 신

　스칸다는 시바의 아들이며, 창을 지닌 아름다운 젊은이의 모습을 하고 있다. 대단히 강해서 신들의 왕 인드라가 자신의 지위를 스칸다에게 내어주려 하였다는 이야기가 있을 정도이다.

　그림 속에서는 시바 가족의 일원으로서 형 가네샤와 함께 그려지기도 하지만, 스칸다의 탄생 신화는 다소 복잡하다. 사실 스칸다는 불의 신 아그니와 그를 사랑한 처녀 스바하 사이에서 태어난 아들이기도 하다. 두 사람에게 시바와 파르바티가 빙의되었을 때 생긴 아이라서 시바의 아들로 보는 것이다. 그야말로 나중에 말을 갖다 붙인 듯한 신화인데, 스칸다가 쿠마라를 비롯한 64개의 별칭을 가지고 있는 것도 그렇고, 스칸다를 시바라는 다른 신과 연관지음으로써 정당하게 힌두교의 흐름 속으로 흡수하였음을 알 수 있다.

　스칸다는 남인도에서 지방신 무르간과 동일시되며, 많은 사람들

 고양이 여신 샤스티는 갓난아이를 끌고 가는 무서운 신이지만, 정성스럽게 대접하면 아이를 지켜준다. 아이(쿠마라)의 수호신이기도 해서 스칸다의 아내 데바세나와 동일시되기도 한다.

군신 인드라보다도 강한 전
투의 신. 남인도에서는 무르
간이라고 부른다. 공작을 타
고 다니고, 소년의 모습으로
묘사되기도 한다.

창(벨)

독사를 먹는 공작
(파라바니)

에게 신봉되고 있다. 커다란 창을 들고 공작을 데리고 다니는 소년(쿠마라)의 모습으로 그려진다. 북인도에서는 독신이지만, 남인도에서는 두 명의 아내 데바세나와 발리와 함께 그려지기도 한다. 동양에서는 위타천 또는 쿠마라천이라는 이름으로 불린다.

스칸다의 탄생과 관련해서는 다음과 같은 이야기가 있다.

어느 날 인드라가 마신 케신이 납치하려는 한 여성을 구하였다. 그녀의 이름은 데바세나로 성선 다크샤의 딸이었다. 그녀가 "미래의 제 남편은 위대한 정복자가 될 거라는 예언을 들었습니다"라고 말하자, 인드라는 그녀를 그녀의 조부 브라마에게 데려갔다. 브라마 역시 그 예언이 사실이라고 말하자, 인드라는 그녀를 양녀로 삼았다. 인드라는 일찍부터 강력한 전사를 원하였기 때문에 데바세나의 남편이 될 자가 나타나기를 기다렸다.

한편, 스칸다는 태어난 지 나흘째가 되자 완전한 모습이 되었고, 땅이 흔들리도록 포효를 지르고, 커다란 창으로 성스러운 산을 꿰뚫었다. 신들과 대지는 새로운 적이 쳐들어온 줄 알고 두려워하며 인드라에게 퇴치해달라고 기도하였다. 인드라는 어머니신 마트리들에게 새로운 적을 쓰러트리라고 명하였지만, 그녀들은 적이 강함을 알고 반대로 스칸다에게 비호를 요청하였다. 결국, 인드라는 하얀 코끼리 아이라바타를 타고 스칸다를 공격하지만, 힘의 차이를 깨닫고 패배를 인정하였고, 이 자야말로 애타게 기다리던 위대한 전사(마하세나)임을 깨닫는다.

인드라는 스칸다에게 자신의 지위를 물려주려고 하지만 거절당

 신들이 타고 다니는 존재를 '바하나'라고 부른다. 비슈누는 가루다, 시바는 난디, 인드라는 코끼리, 스칸다는 공작을 타고 다닌다. 바하나는 신의 힘과 성격을 나타낸다.

column 스칸다에 얽힌 흥미로운 이야기

스칸다는 역병의 신이었다?

인드라와 스칸다가 싸울 때 스칸다는 분신을 잔뜩 만들어냈다. 분신들은 지상에 내려와 태아와 신생아들의 목숨을 차례로 빼앗았다. 또 스칸다는 지상에서 무서운 모습을 한 병마가 되어 아이들을 습격하고 죽였다. 하지만 지금은 쿠마라(소년)라고도 불리는 어린이를 수호하는 신이다. 원래는 무서운 재액의 신이었는데, 힌두교에 흡수되면서 서서히 변화된 듯하다. 스칸다를 숭배하며 올바르게 의례를 행하면 아이들을 병마로부터 지킬 수 있다고 믿는다. 표리일체의 신의 모습, 이것이야말로 인도 신의 모습이라고 할 수 있다.

또 남인도에서는 스칸다와 동일시되는 무르간이 인기가 많다. 타

밀나두주 팔라니의 무르간 사원에는 많은 사람들이 몰려든다. 본디 토착 여신이던 발리는 비슈누의 딸로 변하였고, 무르간과 결혼한다. 공작을 탄 스칸다가 양팔로 여신을 안고 있는 그림을 흔히 볼 수 있는데, 한쪽에 있는 것이 데바세나이고, 다른 한쪽에 있는 것이 발리이다.

양팔로 아내를 안고 있는 스칸다
(라자 라비 바르마 그림)

한다. 이에 장군신의 지위를 주고, 예언대로 양녀 데바세나와 결혼시켰다.

파르바티

Profile Data			
발 음	Pārvatī	산스크리트	पार्वती
별 칭	우마(어머니), 가우리(빛나는 자), 샥티(신성한 힘), 마헤슈와리(위대한 여신), 사티(다크샤의 딸, 시바의 첫 번째 아내), 오마비		
소 유 물	연꽃, 새끼줄		
타고 다니는 것	사자(호랑이), 난디(흰 인도혹소)		

아름답고 자애로운 시바의 아내

파르바티는 시바의 아내이자 시바가 가진 힘(샥티)의 원천이다. 성스러운 히말라야의 딸이며, 갠지스강의 여신 강가의 자매이기도 하다. 온화한 미소를 띠고 시바의 곁을 따르는 모습으로 그려지는 경우가 많다. 전쟁의 여신 두르가, 살육의 여신 칼리와 동일시된다. 따스한 모습과 흉폭한 모습의 이면성이 있는 것이 남편 시바와 같다.

브라만교 시대에 여신은 그렇게까지 중요한 위치에 있지 않았다. 하지만 토착인의 여신에 대한 신앙이 뿌리 깊어서 오래된 여신 대부분을 남신의 아내로 삼는 형태로 힌두교의 경전에 흡수하였다. 특히 시바는 여신 신앙과 강하게 밀착되었고, 파르바티는 여신들의 주인인 대여신(마하데바)이 되었다.

파르바티는 시바의 첫 번째 아내인 사티의 환생이기도 하다. 그렇다면 사티에게는 어떤 이야기가 있을까?

 시바의 이마에 있는 제3의 눈은 파르바티의 장난으로 생긴 것이라는 설이 있다. 그녀가 시바의 양 눈을 가리자 세계가 암흑에 휩싸여 멸망할 위기에 처하였는데, 제3의 눈이 생겨나 멸망을 피할 수 있었다고 한다.

남편 시바를 일편단심으로 사
랑하는 절세 미녀. 가네샤와
마찬가지로 오른손은 '아바야
무드라'를 취하고 있다.

연꽃
(아름다움과 행복의 상징)

난디
(흰 인도혹소,
시바의 종자)

성선 다크샤의 딸인 사티는 시바를 사랑하고 만다. 하지만 아버지 다크샤는 사티를 다른 남자와 결혼시키려고 하였다. 슬픔에 빠진 사티가 시바에게 기도를 올리자 그곳에 시바가 나타났다. 사티는 시바를 남편으로 선택하였고 둘은 정을 통하였다.

하지만 다크샤는 시바가 이미 사티의 남편이 되었음에도 인정하지 않았다. 다크샤는 비슈누를 신앙하였고, 시바는 몹시 싫어하였기 때문이다. 다크샤는 어떤 중요한 의식에 시바만 부르지 않았다. 아버지의 처사에 절망한 사티는 의식을 위해 피워둔 불 속에 몸을 던졌다. 시바는 깜짝 놀라 달려갔지만, 사랑하는 아내는 이미 숨이 끊어져 있었다. 격노한 시바는 그 자리에서 장인어른인 다크샤의 목을 치고 의식 장소를 엉망진창으로 만든 뒤 사티의 시체를 끌어안고 세계를 배회하였다.

사티의 몸은 썩었고, 세상에는 악귀가 들끓었다. 신들이 시바에게 말을 걸었지만, 그는 제정신으로 돌아오지 않았다. 보다 못한 비슈누가 사티의 몸을 원반(차크라)으로 조각조각 내자 그제야 시바는 제정신을 차렸다. 아내를 죽게 한 것에 대한 보복이었다고는 하나 장인을 죽인 죄를 참회하기 위해 시바는 산에 틀어박혀 오랜 시간 동안 수행을 하였다.

조각조각으로 잘린 사티의 몸은 지상으로 떨어졌고, 그곳에서 각각 여신이 되었다. 후에 시바의 아내가 된 여신들은 모두 사티의 환생이다.

이윽고 사티는 히말라야 딸, 파르바티로 환생하였다.

 비슈누가 원반으로 잘게 찢은 사티의 몸이 떨어진 곳은 신성한 장소가 되어서 '삭티피타'라고 부른다. 이 이야기로 시바가 인도 전역의 토착 여신을 아내로 삼고 있는 점을 정당화하고 있다.

어느 때 타라카라고 불리는 마신이 신들을 괴롭히고 있었다. 시바의 아들만이 그를 죽일 수 있다는 것을 안 신들은 시바와 파르바티를 결혼시켜야겠다고 생각하였고, 파르바티를 시바에게로 보냈다. 파르바티는 전처 사티의 환생이었고, 그녀의 빛나는 아름다움에는 그 어떤 여신도 대적이 되지 않았다.

하지만 시바는 수행 삼매경에 빠져 주변의 일체에 관심을 보이지 않았다. 하는 수 없이 신들의 왕 인드라는 사랑의 신 카마와 그의 아내 라티에게 두 사람을 맺어달라고 부탁하였다.

카마는 아내와 함께 시바가 있는 곳으로 갔고, 파르바티가 시바 곁에 있을 타이밍에 시바에게 사랑의 화살을 쏘려 하였다. 명상 중이던 시바는 인기척을 느끼고 눈을 떴고, 자신의 명상을 방해한 자가 카마임을 알고 격노하였다. 시바는 이마에 있는 제3의 눈으로 빛을 발사하여 카마를 불태워버렸다.

카마의 사랑의 지팡이에도, 자신의 미모에도 관심을 보이지 않는 시바를 보고 파르바티는 스스로 시바 곁에서 혹독한 수행을 하기로 결심한다. 그런 그녀를 보고 마음이 움직인 시바는 나이 지긋한 수행자로 변신하여 파르바티 앞에 나타났다. 그는 시바의 욕을 늘어놓았지만, 파르바티는 시바에 대한 사랑에 변함이 없다며 노인의 말을 무시하였다. 시바는 본 모습으로 돌아가 파르바티에게 사랑을 고백하였고, 두 사람은 부부의 연을 맺었다.

두르가

Profile Data			
발　　　음	durgā	산스크리트	दुर्गा
별　　　칭	찬디카(길상한 여인), 마히샤수라마르디니(물소 악마를 죽인 여신)		
소　유　물	삼지창, 차크라, 법라, 창, 바즈라, 활과 화살통, 종, 지팡이, 새끼줄(파샤), 새끼줄, 염주, 물병, 광선, 검과 청정무구한 방패, 도끼, 보석 목걸이		
타고 다니는 것	사자, 호랑이		

사자 또는 호랑이를 탄 아름다운 전투의 여신

전쟁의 여신 두르가는 시바의 아내 파르바티의 또 하나의 모습이다. 신들에게서 받은 무기를 열 개의 손에 들고 마신족(아수라)과 싸운다. 원래는 인도 중부의 빈디아산맥에서 신봉되던 술과 고기를 좋아하는 여신이었는데, 시바의 아내로서 힌두교에 흡수되었다. 두르가는 『마하바라타』에도 등장해서 전쟁 전에 아르주나와 형제들에게 축복을 내려준다.

두르가는 동인도의 벵골 지방에서 무척 인기가 많다. 매년 10월경에 열리는 성대한 두르가 푸샤 축제(다샤라 축제) 때는 두르가 여신을 태운 수레가 거리를 행진한다.

온화한 미소를 지으며 물소의 모습을 한 마신 마히샤(마히샤수라)를 쓰러트리는 두르가의 모습은 '마히샤수라마르디니'라고 불리는데, 고대부터 조각과 회화의 제재로 애용되고 있다. 두르가 사원에는 거의 예외 없이 마히샤수라마르디니가 모셔져 있다.

 두르가에게는 '쓰러트릴 수 없다', '극복할 수 없다', '범접하기 힘들다'라는 의미가 있다. 여신 두르가는 그녀가 쓰러트린 마신 두르가의 이름을 기념으로 자신에게 붙였다.

도끼
(피리슈)

시바의 삼지창
(트리슐라)

곤봉
(가다)

연꽃

바유의
활

화살

검

종
(간타)

독사,
나가

눈부시게 빛나는 여신.
열 개의 손으로 신들의
무기를 들고 있는 모습
이 특징이다. 사자나 호
랑이를 타고 다닌다.

사자

두르가는 왜 마신 마히샤와 싸웠을까?

어느 날 마신 마히샤가 신들에게 도전하였다. 신들은 응전하였지만, 힘으로는 마히샤에게 필적이 되지 않아서 싸움에서 지고 천계로 쫓겨났다. 신들은 시바와 비슈누에게 어떻게든 해달라며 호소하였다.

이야기를 들은 시바와 비슈누의 거센 분노에서 거대한 힘이 태어났다. 인드라를 비롯한 여타 신들도 마찬가지로 힘을 발생시켜 한데 모으자 그 힘에서 여신이 태어났다. 신들은 아름다운 여신의 모습을 보고 무척 기뻐하였다. 그녀야말로 마신 마히샤를 쓰러트릴 최강의 신임을 알았기 때문이다.

신들은 자신이 지닌 무기와 똑같은 것을 하나 더 만들어 그녀에게 주었다. 시바는 삼지창을, 비슈누는 원반(차크라)을, 인드라는 금강저(바즈라)를 주었다. 신들은 무기 이외에도 차례로 그녀에게 선물을 주었다.

열 개의 손에 각각의 무기를 들고, 신들한테서 받은 보석과 액세서리로 몸을 장식한 여신은 찬디(빛나는 자)라고 불렸다. 자신이 태어난 연유를 들은 찬디는 사자 위에 가볍게 훌쩍 올라탔고, 마신 마히샤를 쓰러트리기 위해 나섰다. 찬디의 차원이 다른 포효에 전세계가 크게 진동하였다. 마신 마히샤는 눈부시게 빛나는 여신의 출현에 놀라 총공격을 가하였다. 마신의 장군들은 몇만의 병사를 거느리고 여신을 쓰러트리려 하였지만, 여신은 신들에게서 받은 무기로 가볍게 마신들을 죽여버렸다. 하늘에서 화살이 비처럼 쏟

 인도에는 영화에서 탄생한 여신도 있다. 1975년에 제작된 영화 『자이 산토시 마(jai santoshi maa)』의 산토시는 현대의 여신이다. 어떤 소원이든 들어주기 때문에 인기가 많고 사원도 건축되었다. 두르가의 화신으로 여긴다.

column 인도의 신화와 문화

인도의 여신 신앙

인도는 여신 신앙에 대한 믿음이 두텁다. 그 열기가 얼마나 대단한가 하면 가장 인기가 많은 2대신, 시바와 비슈누 다음으로 인기가 많다. 여신 신앙의 경전『데비 마하트마』에는 여신에 대한 찬가가 이렇게 많을 수 있을까 싶을 정도로 많이 담겨 있다. 남신의 활동적인 부분을 여신이 나타내는 것이 여신 신앙(샥티즘) 사상인데, 중세 이후로 성행하였다. 여신 신앙은 고대부터 인도에 침투해 있던 지모신 신앙이 힌두교로 변해가는 과정에서 나타난다. 여신 신앙은 두르가를 비롯한 시바의 아내가 중심에 있다. 비슈누의 아내 락슈미도 비슈누의 힘(샥티)으로 여긴다.

아져 주변은 피바다가 되었고 마신들의 시체는 산처럼 쌓였지만, 여신은 싸움을 멈추지 않았다.

결국, 마신 마히샤가 찬디 앞에 모습을 드러냈고, 일대일 승부가 시작되었다. 마히샤는 다른 마신과 달리 코끼리와 사자 등으로 시시각각 변신하였기 때문에 좀처럼 승패가 나지 않았다. 하지만 여신은 결국 마히샤를 궁지로 몰아넣었고, 마히샤가 물소에서 사람의 모습으로 변하려는 찰나에 삼지창으로 꿰뚫어 목숨을 끊어버렸다.

신들과 성선들은 여신의 뛰어난 실력을 찬양하였고, 마신을 물리친 것을 축하하였다.

칼리

Profile Data			
발　　음	Kālī	산스크리트	काली
별　　칭	칼리마(어머니 칼리), 마하칼리(위대한 암흑), 차문다(찬다와 문다를 죽인 자), 가리		
소　유　물	삼지창, 검, 잘린 머리, 피가 담긴 접시, 머리로 만들어진 목걸이, 마족의 손발을 꿰어서 만든 허리 장식		
타고 다니는 것	사자		

파괴와 피를 좋아하는 살육의 여신

칼리는 시바의 여러 아내 중의 한 명이다. 피칠갑을 하고 잘라낸 머리로 만든 목걸이를 하고 있는 것은, 외모를 통해 그대로 알 수 있듯이 그녀가 파괴와 죽음을 관장하는 신이기 때문이다. 시바의 힘(샥티)을 구현화한 것이 파르바티와 두르가, 칼리 등 시바의 아내인데, 특히 칼리는 시바가 가진 파괴적이며 거칠고 잔혹한 일면을 나타낸다.

칼리는 시간과 암흑, 죽음을 의미하는 '칼라'의 여성 명사이다. '칼라'란 시바의 파괴신으로서의 측면을 지칭하기도 한다. 칼리는 피를 좋아하여 산 제물을 요구하기 때문에 칼리 사원 중에서는 오늘날에도 정기적으로 동물을 공양하는 곳이 있다.

칼리는 알몸으로 마신의 머리를 손에 들고, 잘라낸 팔을 꿴 것을 허리 장식 대신에 몸에 두르고 있다. 적을 쓰러트리고 그 피를 들이켜고, 남편 시바를 짓밟을 때까지 춤추길 멈추지 않는다. 칼리

 남편이 죽으면 아내가 뒤따라서 분신자살하는 '사티'라는 풍습은 시바의 아내 사티에서 기인한다는 설이 있다. 자살한 여성은 죽은 후에 여신으로 추앙되는데, 현재는 금지된 상태이다.

낫

제3의 눈

잘려진
마신의 머리

삼지창
(트리슐라)

피가 담긴
접시

머리 목걸이

허리 장식

남편 시바

피부색은 푸른색 또는 검
은색이다. 팔이 네 개이며,
상반신은 옷을 벗고 있다.

의 춤은 시바의 파괴의 춤과 마찬가지로 세계를 파괴한다. 고요하게 발밑에 누워 있는 시바와의 대비가 흥미롭다.

칼리는 앞서 소개한 두르가 이야기에 등장한다.

두르가가 물소로 변신한 악마 마히샤를 쓰러트린 후이다. 숨바와 니숨바라는 형제 마신이 힘을 키워 인드라와 신들한테서 천계를 빼앗고 세계를 위협하였다. 신들은 두르가에게 그들을 무찔러 달라고 애원하였다. 그러자 파르바티의 몸에서 두르가가 나타났다.

두르가를 보고 그 아름다움에 충격을 받은 마신 찬다와 문다는 "저 여신이야말로 위대한 숨바와 니숨바의 아내가 될 만하다"고 생각하고, 형제 마신에게 즉시 보고하였다. 숨바와 니숨바는 두르가에게 사자를 보내 둘 중 한 명의 아내가 되어달라고 청하였지만, 두르가는 코웃음을 치며 "나는 나보다 강한 자하고만 결혼한다"며 청혼을 거절하였다. 화가 난 형제 마신은 부하들에게 두르가를 산 채로 잡아 오라고 명하였다.

두르가를 붙잡으려고 모인 마신들을 본 두르가는 분노가 절정에 달하였고, 그 분노에서 무서운 형상을 한 새까만 칼리가 태어났다.

칼리는 알몸에 산발을 한 무서운 모습을 하고 마신들의 군대에 맞섰다. 놀랍게도 칼리는 입을 열고 마신들을 차례로 삼켜버렸다. 코끼리를 탄 병사와 전차도 통째로 입에 털어 넣고 잘근잘근 씹어버렸다. 눈 깜짝할 사이에 군대를 평정한 칼리를 보고 찬다와 문다는 비처럼 쏟아질 만큼 활을 날리고 원반을 던지며 응전하였지

column 인도 신화 여담

칼리가 시바를 짓밟은 이유

칼리는 남편 시바를 짓밟고 있는 모습으로 표현된다. 마신과 싸운 후 승리에 취한 칼리가 기뻐서 파괴의 춤을 추었는데, 그 힘이 너무나도 강력하여 세계가 멸망할 위기에 처하였다. 이에 남편 시바가 그녀의 발밑에 누워 있었다고 한다. 남편을 짓밟고 제정신을 차린 칼리는 창피하여 혀를 낼름 내밀었다. 이러한 그림은 정적인 힘의 상징인 시바와 동적인 힘(샥티)인 칼리를 표현한 것이라고 하는데, 어느 모로 보나 칼리가 시바보다 강해 보인다. 피를 좋아하는 칼리는 정통 힌두교에서는 크게 환영받지 못하였지만, 오늘날에는 열렬하게 신봉되고 있다.

만, 칼리는 이를 모조리 먹어 치웠다. 결국, 찬다와 문다는 칼리의 손에 죽고 만다. 칼리는 이 전투 이후에 '차문다'라고 불리게 된다.

한편, 부하를 잃은 형제 마신은 이번에는 마신 락타비자를 보냈다. 칼리는 락타비자를 보자마자 달려들었지만, 락타비자는 만만치 않은 상대였고, 지면에 피가 떨어질 때마다 숫자가 늘어났다.

마신을 쓰러트리기 위해 칼리는 그들을 삼키고 피를 빨아먹기로 한다. 피를 잃은 락타비자는 증식할 수 없게 되었고, 결국 칼리에게 지고 만다.

락슈미

Profile Data			
발　　음	Lakṣmī	산스크리트	लक्ष्मी
별　　칭	슈리(길상), 파드마(연꽃), 로카마타(세계의 어머니), 길상천		
소　유　물	연꽃, 금화가 든 항아리, 푸르나 칼라샤		
타고 다니는 것	부엉이		

영약 암리타와 함께 태어난 아름다운 행운의 여신

락슈미는 미와 부와 행운의 여신이다. 오늘날에도 무척 인기가 많으며, 마찬가지로 부의 신 가네샤와 함께 많은 사람들이 신봉한다. 동양에서는 길상천이라고 부른다.

락슈미와 관련된 에피소드 중에서는 신들이 불사의 영약 암리타를 만들기 위해 바다를 휘저었을 때 태어났다는 이야기가 유명하다. 바다에서 태어난 아름다운 여신이라는 점에서 서양의 비너스를 떠오르게 한다. 락슈미의 빛나는 아름다움에 신과 마신은 모두 넋을 잃었고 앞을 다투어 구혼하였다. 하지만 락슈미는 비슈누의 곁으로 가서 왼쪽 무릎 위에 앉았다. 왼쪽 무릎은 아내가 앉는 장소이므로 비슈누는 락슈미의 바람대로 그녀를 아내로 맞이하였다.

락슈미는 양손에 행복의 상징인 붉은 연꽃을 들고 연꽃 위에 앉아 있는 모습으로 그려진다. 락슈미의 양쪽 겨드랑이에 코끼리 두 마리가 물을 뿌리는 그림이 있는데, 이는 기원전의 조각에서도 많이 관찰되는 '가자 락슈미'라는 길상 조각상이다.

네 개의 팔을 가졌다. 행복과 아름다움과 순수함을 상징하는 연꽃을 양손에 들고 연꽃 위에 앉아 있다. 오른쪽 아래 손은 '은혜를 베풀어주겠다'는 뜻의 '바라다 무드라'이다.

양손에는 연꽃

푸르나 칼라샤(물병 위에 코코넛과 망고잎이 올려져 있다. 불사와 생명을 상징한다)

돈(부와 금전운의 상징)

연꽃

고대 동전에도 이 그림이 새겨져 있는 것으로 미루어보아 락슈미는 무척 오래전부터 존재한 신임을 알 수 있다. 그래서인지 락슈미는 비슈누의 아내가 아니라 원래는 브라마의 아내였다거나, 재복의 신 쿠베라(동양에서는 비사문천)의 아내였다는 다양한 설이 있다.

참고로 락슈미, 가네샤, 사라스바티의 세 신이 함께 그려진 그림은 '디왈리 락슈미'라고 한다. 디왈리는 가을에 개최되는 락슈미 축제이다. 락슈미를 맞이하기 위해 집 앞에 길상 모양을 그리고 밤새도록 기름 등불(디야)을 환하게 밝히고 락슈미에게 기도한다.

락슈미는 비슈누의 아내이므로 비슈누가 화신으로 지상에 내려올 때 아내로서 그를 따라다닌다. 라마의 아내 시타와 크리슈나의 아내 룩미니 모두 락슈미의 화신이다. 또 여신을 찬양하는 경전 『데비 마하트마』에서는 마하락슈미(위대한 락슈미)는 모든 것의 기원인 지고한 존재라고 말한다. 그 밖에도 락슈미 찬가는 셀 수 없이 많은데, 그중에는 모든 여성이 락슈미라고 노래하는 찬가도 있다.

락슈미는 파르바티와 사라스바티와 함께 그려지기도 하는데, 이는 여신 삼위일체를 나타낸다. 남신 삼위일체는 그녀들의 남편인 비슈누와 시바와 브라마이다.

 산스크리트에서 'a'는 부정사이다. 행운의 여신 '락슈미'에 '아'가 붙으면 불행을 관장하는 '아락슈미'가 된다. 참고로 다르마(법·덕)의 반댓말은 아다르마(불법·악덕)이다.

column 락슈미에 얽힌 흥미로운 이야기

락슈미의 언니는 불행의 여신 아락슈미

락슈미에게는 불행을 관장하는 아락슈미라는 언니가 있다. 락슈미와는 성격이 정반대이며, 행운이 아니라 불행을 관장한다. 마르고, 추하며, 당나귀를 타고 다니는 모습으로 묘사된다. 동생 락슈미와 마찬가지로 부엉이도 그녀를 상징하지만, 아락슈미의 부엉이는 풍요를 가져다주지 않고 불행을 가져다주는 성가신 존재이다. 어째서 이토록 성격이 정반대인 것일까? 역경에 처하면 락슈미가 아락슈미가 된다고 한다. 즉, 락슈미와 아락슈미는 표리일체인 것이다.

또 락슈미는 행운을 관장하기 때문에 변덕이 심하다. 락슈미가 아락슈미로 변하지 않도록 어떤 상황에서든 락슈미를 신앙하며 올바르게 예배하면 행운이 찾아온다고 사람들은 믿는다.

디왈리 락슈미

왼쪽에서부터 사라스바티, 락슈미, 가네샤이다. 락슈미를 두 마리의 코끼리가 뒤에서 축복하는 그림은 '가자 락슈미'라고 부른다.

사라스바티

Profile Data				
발　　음	Sarasvatī		산스크리트	सरस्वती
별　　칭	브라마니(브라마의 아내), 가야트리(가야트리 만트라의 신격화), 변재천			
소 유 물	베다, 비나(악기), 염주, 연꽃			
타고 다니는 것	함사, 백조, 공작			

예술과 학문을 관장하는 강의 여신

사라스바티는 동양에서는 변재천이라는 이름으로 알려져 있다. 『리그베다』에도 등장하는 오래된 여신이며, 인도 북서부에 있었다고 전해지는 사라스바티강을 신격화한 모습이다. 생명의 물이 가득 담긴 강은 고대 사람들에게 소중한 존재였다. 아리아인에게 사라스바티강은 자연의 은혜의 상징이었을 것이다. 현재 사라스바티강은 말라 없어졌지만, 사라스바티에 대한 신앙은 후에 갠지스강을 비롯한 하천 전반에 대한 신앙으로 이어져 나간 듯하다.

또 사라스바티는 나중에 언어의 여신 바크와 동일시되면서 예술과 학문을 관장하는 여신이 된다. 성스러운 말, 산스크리트어를 표기하는 데바나가리 문자를 만든 것이 그녀이고, 음악의 신이기도 하며, 그림에서는 악기 비나를 들고 있는 모습으로 표현된다.

태양신 사비트리에게 바치는 '가야트리 찬가'를 신격화한 가야트리 여신도 사라스바티와 동일시된다.

『리그베다』에도 등장하는 환상의 사라스바티강은 가가르하크라강일 것으로 추정된다. 현재는 말라버리고 없지만, 근방에서 인더스 문명 시대의 유적이 다수 발견되고 있다.

백조 또는 함사

네 개의 팔을 지닌 음악과 학문의 여신.
물 위에서 백조나 함사 위에 앉아 있는 모
습으로 그려진다.

비나

흰색 옷

『베다』

염주
(자파말라)

사라스바티는 창조신 브라마한테서 태어났다. 딸의 빼어난 아름다움에 마음을 빼앗긴 브라마는 그녀를 아내로 삼고 싶어 구애하였다. 하지만 사라스바티는 아버지로부터 도망 다녔다. 브라마는 어디에 있든 그녀를 보기 위해 얼굴을 다섯 개(사방과 하늘)로 늘렸고, 어디에서나 그녀를 볼 수 있게 되었다. 그 후 더 이상 달아날 수 없음을 안 사라스바티는 브라마와 결혼한다. 둘 사이에서 인간의 시조 마누가 태어났다.

또 사라스바티에게는 카뱌푸루샤라는 아들이 있다.

어느 날 사라스바티는 아이가 가지고 싶어서 히말라야에서 고행을 하기로 한다. 그 모습을 보고 만족한 브라마는 그녀에게 아들을 내려주었다. 아들은 자신이 카뱌푸루샤(시를 처음 지은 자)이며, 시와 운율의 신이라고 말하였다.

사라스바티는 무척 기뻐하였다. 아들의 말에 베다의 멋진 운율이 담겨 있었기 때문이다. 사라스바티는 "당신은 언어의 신인 나보다도 근사합니다. 당신의 운문은 세계로 퍼져나갈 것입니다"라며 아들을 축복하고 안아주었다.

카뱌푸루샤가 태어나기 전에는 사람들이 베다가 아닌 다른 새로운 경전을 만들어내지 못하였다. 그 후 카뱌푸루샤의 힘을 이어받은 성선들이 『라마야나』와 『마하바라타』를 기술하였다고 전해진다.

 수행하며 아이를 점지해달라고 신에게 기도하는 부모의 이야기는 수없이 많다. 사라스바티는 아이가 가지고 싶어 수행하였고 브라마에게 기도하였다. 아이는 만드는 것이 아니라 신으로부터 받는 것이라는 사고방식이 저변에 깔려 있는 듯하다.

column 인도의 신화와 문화

인도신 그림의 원조는
근대 회화의 아버지, 라자 라비 바르마

그림 속에 표현된 인도의 신은 눈이 크고, 육감적인 몸을 하고, 황금 액세서리와 화려한 색깔의 옷을 두르고 있다……. 신에 대한 이러한 이미지를 만든 사람은 19세기의 화가 라자 라비 바르마이다. 인도의 전통적 회화에는 라지푸트 회화로 대표되는 평면적인 그림이 많았는데, 바르마는 서양 회화의 기법을 배워 신들을 입체적으로 표현하였다. 사실 인도의 조각은 무척 수준이 높아서 입체적이며 신체 비율이 뛰어난 신들을 다수 조각해냈다. 그때까지의 전통적인 그림과 달리 입체적인 바르마의 그림에 담겨 있는 신은 그야말로 살아 있는 것처럼 느껴졌던 모양이다. 인쇄 기술의 향상과 맞물려 그의 그림은 폭발적인 인기를 얻었고, 동일한 신 초상화가 양산되어 인도 전역으로 퍼져나갔다. 만약 그의 그림이 없었다면 지금 우리가 알고 있는 인도신들의 그림도 없었을 것이다.

기존의 그림

오늘날의 그림

차문다

Profile Data			
발　　음	Cāmuṇḍā	산스크리트	차문다
별　　칭	—		
소 유 물	삼지창		
타고 다니는 것	부엉이, 시체		

묘지에서 시체를 먹는 죽음의 여신

차문다는 역병과 기아 등을 관장하는 죽음의 여신이다. 시바의 아내이며, 전쟁의 여신 두르가의 여러 모습 가운데 하나이다. 칼리가 쓰러트린 두르가의 적, 찬다와 문다의 이름에서 땄다는 설도 있고, 빈디아산맥의 차문디산에 사는 여신이라는 설도 있다.

차문다의 모습은 다른 신과 달리 직접적으로 '죽음'을 연상시킨다. 뼈가 드러날 정도로 말랐고, 가슴은 축 처졌으며, 시체 위에 서 있다. 해골을 꿰어서 만든 목걸이를 걸고, 독사를 몸에 두르고, 묘지에서 시체를 먹는 모습은 칼리 여신에게 뒤지지 않을 만큼 무시무시하다.

경전 『데비 마하트마』에서는 칼리를 차문다라고 부른다. 칼리는 늙음과 죽음을 가져오는 '시간(칼라)' 그 자체이기도 하다. 칼리이기도 한 차문다는 사람이라면 피할 수 없는 죽을 운명을 상징한다.

 시바링가와 같은 생식기 신앙, 즉 남근 숭배(팔루스 숭배)는 전 세계에서 관찰된다. 일본에서는 가나야마 신사의 '가나야마 축제'와 다가타 신사의 '풍년제'가 유명해서 전 세계에서 관광객이 보러 온다.

column 차문다에 얽힌 흥미로운 이야기

치문다외 『깊은 강(Deep River)』

　영화로도 제작된 엔도 슈사쿠의 『깊은 강』은 인도를 무대로 하는 소설이다. 주인공 중의 한 명인 이소베는 죽은 아내의 환생을 찾기 위해 인도로 향한다. 그는 그곳에서 차문다 상과 대면한다. 삶의 고통을 자신의 일신으로 받아들이고 있는 차문다의 모습이 무척 인상적이다. 흥미가 있는 분은 꼭 읽어보길 바란다.

차문다 조각상

시탈라

Profile Data			
발　　음	śītalā	산스크리트	शीतला
별　　칭	마리암만(비의 어머니, 비의 여신)		
소 유 물	빗자루, 물병, 부채		
타고 다니는 것	당나귀, 사자		

피부가 붉은 역병의 여신

천연두와 역병의 여신을 북인도와 동인도에서는 시탈라라고 부르고, 남인도에서는 마리암만이라고 부른다. 시탈라는 동인도 벵골 지방에서는 천연두의 여신으로 모신다. 당나귀를 타고, 붉은 옷을 입고, 손에는 짧은 빗자루와 물병을 들고 있다. 붉은 피부는 열을 표현한 듯하다. 피부에 천연두를 상징하는 곰보 자국이 그려져 있는 경우도 있다. '위대한 어머니'로 불리는 파르바티와 두르가와 마찬가지로 시바의 아내 중의 한 명이다.

마리암만은 시탈라와 마찬가지로 토착 여신이었다가 나중에 시바의 아내로 추가된 여신이다. 마리암만은 병을 치유하는 여신이라서 인기가 많은데, 타밀나두주의 촌락에서는 풍작과 비의 여신으로서 숭배한다.

사람들은 시탈라와 마리암만에게 제를 올리며 무병 무탈하기를 기원한다. 여성들은 임신과 안산의 여신으로서 신앙하기도 한다.

 인도 전역에 자생하는 님나무 잎사귀에는 살균 작용이 있어 『아유르베다』에서 사용되었는데, 오늘날 그 약효에 새롭게 주목하고 있다. 또 시탈라를 맞이하는 의식 때도 님나무 잎사귀를 태워서 연기를 피운다.

강가

Profile Data			
발 음	Gaṅgā	산스크리트	गंगा
별 칭	바드라소마(신성한 물), 바기라티(바기라타왕이 지상에 데려온 자), 할라셰카라(시바의 머리카락)		
소 유 물	푸르나 칼라샤(코코넛을 올린 항아리), 연꽃, 물병		
타고 다니는 것	마카라(악어)		

성스러운 갠지스강을 신격화한 여신

강가는 갠지스강을 신격화한 여신으로 시바의 아내이고 파르바티의 자매이다. 강가가 타고 다니는 마카라(쿰비라)라는 동물은 동양에서는 해상을 수호하는 신 금비라로 알려져 있다.

인도라고 하면 갠지스강에서 사람들이 목욕하는 풍경을 떠올리는 사람이 적지 않을 것이다. 어머니와 같은 갠지스강은 신들이 사는 히말라야에서 신성한 물이 흘러 내려온다. 강가는 시바하고도 관계가 깊다. 강가가 천계에서 지상으로 내려왔을 때 시바가 몸을 바쳐 자신의 머리로 격류를 받아냈다. 갠지스강물은 시바의 몸과 머리카락을 타고 지상으로 흘러내리기 때문에 죄를 정화하는 특별한 힘이 있으며 떠 놓아도 썩지 않는다고 옛날부터 믿었다. 힌두교도에게 갠지스강은 신 그 자체인 것이다. 또 『마하바라타』에 등장하는 왕자 비슈마는 강가의 아들이다. 비슈마는 아르주나와 형제들에게 조언을 해준 훌륭한 스승이기도 하다.

미나크시

Profile Data			
발　　　음	Mināksī	산스크리트	मीनाक्षी
소　유　물	—		
타고 다니는 것	초록색 앵무새		

남인도에서 인기 있는 여신

미나크시는 타밀나두주의 마두라이에서 신앙되는 지방 여신이다. 신이 되기 전에는 패배를 모르는 여전사이자 위대한 여왕으로서 나라를 다스렸다는 전설이 있다. 미나크시는 '물고기 눈을 한 여신'이라는 뜻으로, 물고기처럼 항상 눈을 뜨고 세계를 지켜본다.

어느 날 자식을 가지고 싶었던 왕이 시바에게 기도하자 화염 속에서 딸이 태어났다. 왕은 무척 기뻐하였지만, 자세히 보니 왕녀의 가슴에 유방이 세 개 달려 있었다. 불안하게 여긴 왕이 시바에게 연유를 묻자, 시바는 "언젠가 그 아이의 남편이 될 자가 나타나면 유방 하나가 사라질 것이다. 아이를 아들처럼 키워라"라고 대답하였다.

시바의 말대로 길러진 미나크시는 강한 여전사로 성장하였다. 딸이 혼기가 되자 왕은 신랑감 고르기 의식을 행하였지만, 힘으로는 아무도 그녀에게 대적이 되지 않았다. 미나크시는 결혼하지 않고, 왕위를 이어서 여왕이 되었고, 홀로 나라를 통치하였다.

 과거에 일본에서도 크게 히트 친 남인도 영화 『춤추는 무뚜』에서 여주인공 랑가 역할을 맡은 배우 미나의 이름은 여신 미나크시의 이름과 어원이 같다. 미나에는 보석이라는 뜻도 있다.

column 미나크시에 얽힌 흥미로운 이야기

미나크시와 마두라이 사원

남인도의 촌락에서는 정통 힌두교가 아닌 '암만'이라는 토착 어머니신을 신앙한다. 미나크시도 미나크시암만이라고 불리는 지방 여신이고, 천연두 여신 마리암만도 마찬가지로 암만이다. 마두라이의 미나크시암만 사원 주변에는 사원을 중심으로 대규모의 마을이 형성되어 있고, 언제나 사람들의 활기로 가득하다.

그 후 영토를 확장하기 위해 북방을 공격한 미나크시는 시바(순다레슈바라)가 이끄는 군대와 싸우게 되었다. 미나크시는 시바를 보고 첫눈에 반한다. 이때 예언대로 유방이 두 개가 된 것을 보고, 그녀는 전쟁을 멈추고 시바를 남편으로 맞이하였고, 함께 본국으로 돌아갔다. 미나크시와 시바는 오래오래 행복하게 살았다.

미나크시는 다른 지방의 여신과 마찬가지로 시바의 아내로서 흡수되었다. 마두라이에 있는 미나크시암만 사원은 거대한 탑문(고푸람)과 담장으로 둘러싸인 남인도 양식의 대사원이다. 이곳은 힌두교의 성지이기도 해서 많은 참배객으로 항상 북적인다.

브라마

Profile Data			
발　　음	Brahmā	산스크리트	ब्रह्मा
별　　칭	히라냐가르바(황금알), 로케샤(세계의 주인), 프라자파티(생물들의 주인), 스바얌부(스스로 태어난 자), 범천		
소　유　물	베다, 염주, 연꽃, 물병		
타고 다니는 것	함사(또는 백조)		

인도 철학 사상이 신격화된 세계의 창조신

브라마는 우주의 최고 원리인 브라만(brahman)이 신격화된 신이다. 브라마는 동양에서는 범천(梵天)이라는 이름으로 알려져 있다. '범(梵)'은 브라만을 번역한 것이다. 브라만교 시대에 형성된, 세상을 '범아일여'로 보는 인도철학 사상에서는 무척 중시하였다. 하지만 우주를 나타내는 추상적인 존재이기도 해서 힌두교 시대가 되면 서서히 그 영향력이 작아진다.

힌두교 세계관에서는 이 세상에 창조와 파괴의 사이클이 있다고 본다. 즉, 브라마가 세계를 창조하고 비슈누가 유지하고 시바가 파괴하는 것이다. 서사시 시대의 신화에서는 브라마의 지위가 높게 나오나, 이 삼위일체의 사상이 서서히 비슈누와 시바를 2대 최고신으로 보는 사고방식으로 변해갔다.

회화와 조각에서는 네 개의 얼굴을 한 청년 또는 노인의 모습으로 표현한다. 사람들은 브라마가 신들과 성선, 마신, 인간 등 이 세

'브라만교의 브라만'의 어원은 '우주의 최고 원리 브라만'과 '창조신 브라마'와 같은 'brahman'이다. 산스크리트의 '브라마나(brāhmaṇa)'를 한자로 가차하면 '바라문(婆羅門)'이 되어서 동양에서는 브라만교를 바라문교라고도 부른다.

네 개의 얼굴과 네 개의 팔을
지닌 것이 특징이다. 물병에
는 영약 암리타가 들어 있다.
연꽃 위에 앉아 있는 모습으
로 그려지기도 한다.

연꽃(브라마의 상징)

『베다』

물병(칼라샤)

염주(자파말라)

상에 존재하는 모든 것을 창조하였다고 생각한다.

브라마는 브라만교 시대의 신화에서는 원초의 바다에서 올라온 연꽃 속에서 눈을 뜨고 세계를 창조한다. 하지만 이 이야기가 힌두교의 비슈누파 신화에서는 비슈누와 연관 지어, 브라마는 비슈누의 배꼽에서 피어난 연꽃 속에서 태어났다고 말한다. 비슈누의 화신 마츠야(물고기 모습을 한 비슈누)는 원래 브라마였다고도 한다.

또 어느 날 브라마는 자신의 아내를 스스로 만들어야겠다고 생각하고 사라스바티를 창조한다. 너무나도 아름다운 그녀의 미모에 푹 빠져 어디에서든 그녀를 보기 위해 얼굴을 5면으로 만든다. 하지만 시바가 하나를 잘라버려 현재는 4면이 되었다는 이야기가 있다. 두 이야기 모두 비슈누와 시바가 브라마보다 서열이 높다고 말하려는 듯하다.

이처럼 삼위일체라곤 하나, 브라마가 활약하는 신화는 비슈누와 시바가 활약하는 신화에 비해 적다. 브라마를 모시는 사원이 적은 것을 통해서도 인기가 없음을 알 수 있다. 하지만 브라마가 신들의 중심적 존재라는 사실에는 변함이 없다. 서사시와 푸라나 이야기 속에서 신들에게 조언을 해주는 좋은 상담자로 등장하고, 신이냐 마신이냐에 상관없이 수행하는 자에게는 힘을 준다. 브라마는 베다의 신이기도 해서 베다를 들고 있는 모습으로 그려진다. 네 개의 얼굴도 네 개의 베다를 상징한다고 한다.

 브라마의 어원은 '브라만'이라고 설명하였는데, 정반대로, 브라마라는 신을 너무 많은 사람이 숭배한 끝에 이해하기 어려운 추상적인 존재가 돼버려서 '우주의 근본 원리'로 설정해버리기로 하였다는 설도 있다.

인도 신화에 등장하는 그 밖의 고대 신들

미처 다 소개하지 못한 고대의 신들을 아래에 정리해보았다. 현재는 다른 신들에게 밀려서 인기도가 낮지만, 신화 속에서는 중요한 역할을 하는 신들이다.

이름	알파벳 표기	특징
디아우스	Dyaus	천공신. 『리그베다』에 등장한다. 그리스 신화의 제우스와 어원이 동일하다. 신들의 아버지.
프리티비	Pṛthvī	지모신. 디아우스의 아내이자 신들의 어머니. 풍작의 여신이기도 해서 사람들에게 먹을 것을 베풀어준다.
트바슈트리	Tvaṣṭṛ	창조주이자 공예와 제작의 신. 인드라의 바즈라를 비롯한 신들의 무기를 만든다. 농공업 도구를 만들어낸 신이기도 하다.
비슈바카르만	Viśvakarman	창조주, 건축가, 공예와 제작의 신. 수리야의 빛에서 무기를 만들어낸다. 하늘을 나는 마차 푸슈파카를 만든 자이다.
루드라	Rudra	폭풍신. 폭풍우가 신격화된 존재. 분노하면 세계를 멸망시키는 거친 신이다. 나중에 시바와 동일시된다.
바유	Vāyu	풍신. 푸라나(생기)에서 태어났다. 인드라의 마부이자 친구이다. 하누만의 아버지. 북서방을 수호한다.
바루나	Varuṇa	사법신. 자연 질서와 생명을 수호하는 신이었는데, 나중에 수신이 된다. 서방을 수호한다.
미트라	Mitra	우애의 신. 우정과 계약을 수호한다. 고대 이란과 서방에서 중시되었으며, 로마 제국에서 유행한 미트라교의 주신이다.
비바스바트	Vivasvat	태양신. 야마의 아버지. 수리야와 동일시된다. 지나치게 눈부셔 아내가 처가로 가버린 적도 있다.
우샤스	Uṣas	새벽의 여신. 어둠을 쫓아버리는 아름다운 여신. 수리야의 연인이라서 언제나 수리야가 쫓아다닌다.
라트리	Rātrī	밤의 여신. 암흑을 지배하고 안식을 가져다주는 아름다운 여신. 우샤스와 자매이다. 새벽에 우샤스와 교대한다.
아슈빈쌍신	Aśvinau	의료신. 미모를 자랑하는 쌍둥이 신. 성선 챠바나를 회춘시켜준 것에 대한 보답으로 암리타를 받아서 불사가 된다.
쿠베라	Kubēra	부의 신. 야크샤족의 우두머리. 땅속에 살며 재물과 보물을 수호한다. 라바나와 이복형제이다. 북방을 수호한다. 불교에서는 다문천 또는 비사문천이라고 한다.
야크샤 · 야크시	Yakṣa · Yakṣī	야크샤족. 지상에 사는 정령. 야크샤는 남성이고, 야크시는 아름다운 여성이다. 불교에서는 야차라고 부른다.

인드라

Profile Data			
발 음	Indra	산스크리트	इंद्र
별 칭	마헨드라(위대한 인드라), 아마렌드라(불멸의 인드라), 브리트라한(브리트라를 죽인 자), 샤크라(제왕), 바즈라파니(바즈라를 든 자), 데바파티(신들의 주인), 마가반(아낌없이 주는 자), 제석천		
소 유 물	금강저(바즈라), 활(샤크라다누스), 검(파란자)		
타고 다니는 것	아이라바타(흰 코끼리), 우차이슈라바스(백마)		

신들의 왕으로 불리는 고대의 영웅신

인드라는 『리그베다』에 찬가가 가장 많이 실려 있는 위대한 신이자 아리아인을 신격화한 존재이다. '신들의 왕'으로 불리며, 번개를 컨트롤하는 군신이고, 비를 가두어 사람들을 괴롭힌 마신 브리트라와 싸우기도 하였다.

브리트라를 비롯하여 베다 이야기에 등장하는 마신들은 아리아인에 대항한 인도 토착인들을 상징한다는 설이 있다. 인드라는 아리아인의 신으로서 빛나는 군신의 모습을 하고 화려하게 마신들을 퇴치한다.

인드라는 태어나자마자 어머니에게 버림받고, 아버지(혹은 창조신)가 가지고 있던 불사의 약 소마를 훔쳤다는 이유로 벌을 받고 세계를 방랑한다. 하지만 그 후 힘을 얻어 마족을 쓰러트리고 신들의 왕으로 불리게 된다.

브라만교가 힌두교로 바뀌어가면서 인드라의 빛나던 무훈에도

 『마하바라타』에서 인드라는 비슈누에게 힘을 빌려서 브리트라를 이긴다. 브리트라의 부하인 칼라케야족은 바닷속으로 달아났지만 성선이 바닷물을 모조리 마셔버려 숨을 곳이 없어져 버렸고 신들의 손에 처단당한다.

번개를 상징하는 바즈라를
들고 있는 난폭한 뇌신. 우
유 바다에서 태어난 성스러
운 흰 코끼리를 타고 있는
모습으로 묘사되다

금강저(바즈라)

아이라바타
(흰 코끼리)

코끼리를
부릴 수 있는
지팡이(안쿠샤)

변화가 온다. 인드라가 가진 압도적인 힘이 비슈누와 시바에게로 옮아갔다.

『리그베다』에서는 인드라가 마신 브리트라를 쓰러트리는데, 후대의 힌두교 경전에서는 '사실 그 힘은 비슈누로부터 받은 것이다. 그러니까 비슈누가 쓰러트린 셈이다'는 식으로 처리한다. 그 밖에도 성선의 아내와 밤을 함께 보낸 탓에 저주를 받아서 온몸에 천개의 여성기(요니)가 생겼다는 둥, 성기를 빼앗기는 저주에 걸렸다는 둥, 이런저런 고통받는 이야기가 나온다. 또 인드라는 군신으로서 시바의 아들 스칸다에게 장군의 지위를 내려주었다는 이야기도 있다.

이런 류의 힌두교 이야기를 읽다 보면 "이 이야기에서도 또?!"라며 인드라의 힘을 시바와 비슈누가 빼앗아가는 것처럼 보인다. 하지만 이는 브라마와 마찬가지로 브라만교의 중심에 있던 최고신의 힘을 무시할 수 없어서 어떻게든 자신들이 최고로 추대하려는 신의 힘으로 흡수하려고 한 결과이다. 비슈누파와 시바파의 신앙을 형성해가는 과정에서 신들의 왕인 인드라의 힘을 얻은 비슈누와 시바는 위대한 신이라는 식으로 근거를 만들고자 한 것이다.

사람들에게는 천계에 사는 신과 마신의 전쟁 이야기보다 때때로 지상에 내려오는 신의 이야기가 더 친근하게 느껴졌던 듯하다. 그렇다고 사람들의 신앙에서 인드라가 사라진 것은 아니다. 오늘날에도 인드라는 방위를 수호하는 로카팔라라는 존재가 되어 동방을 수호하고 있다. 태양이 떠오르는 동쪽은 무척 중요한 방위이다.

 고대에는 태양신이 수리야 외에도 사비트리, 비바스바트, 아디탸스 신군 등이 있었다. 이들은 후에 수리야의 별칭으로 처리된다. 비슈누도 태양신이었다.

수리야

Profile Data			
발 음	Sūrya	산스크리트	सूर्य
별 칭	사비트리(자극을 주는 자), 비바스바트(빛나는 자), 바스칼라(빛을 만드는 자), 사프타슈바(머리가 일곱 개인 말이 끄는 마차를 타는 자), 일천		
소 유 물	연꽃		
타고 다니는 것	머리가 일곱 개인 말이 끄는 마차. 마부는 아루나		

태양을 신격화한 하늘을 나는 신

수리야는 고대의 자연신으로 태양이 신격화된 존재이다. 머리가 일곱 개인 말이 끄는 거대한 마차를 타고 하늘 위를 달린다. 베다에는 수리야 이외의 다른 태양신도 잔뜩 나오는데, 후에 수리야와 동일시된다. 수리야는 무척 인기가 많아서 인도 전역에 수리야를 모시는 사원이 있다. 그중 사원 자체를 수리야의 마차 모양으로 건축한 사원도 있다. 오리사주의 코나르크에 있는 수리야 사원이 특히 유명하다. 오늘날에는 같은 태양신이던 비슈누와 연관지어 이마에 U자 마크가 있는 모습으로 그려지는 경우가 많다.

새벽의 여신 우샤스는 수리야의 연인이다. 우샤스는 수리야보다 한발 먼저 동쪽 하늘에 나타나 어둠을 쫓는 신성한 존재이다. 수리야는 언제나 우샤스를 뒤쫓는다. 수리야가 안으면 우샤스는 사라져 버리지만, 또 다음 날 아침이 되면 그녀는 다시금 무사히 나타난다. 이런 식으로 쫓고 쫓기는 놀이가 매일 반복된다.

찬드라

Profile Data			
발　　음	Chandra(Soma)	산스크리트	चन्द्र (सोम)
별　　칭	소마(불사의 영약), 인두(소마의 물방울), 니샤카라(밤을 만드는 자), 시바슈카라(시바의 머리 장식), 월천		
소 유 물	새끼줄, 항아리		
타고 다니는 것	산양이 끄는 마차		

밤을 밝히는 아름다운 달의 신

　찬드라는 연꽃과 새끼줄, 곤봉, 항아리를 든 모습으로 표현된다. 찬드라는 소마라고도 불리는데, 이는 불로불사의 약 '소마'와 동일시되기 때문이다. 소마(소마주)는 브라만도 의식 때 마셨는데, 어떤 음료인지는 수수께끼이다. 소마초라는 식물의 엑기스를 짜서 발효시킨 것이라고 하는데, 환각 작용이 있는 식물이나 버섯류였을 것으로 추정된다.

　달이 찼다가 이지러지는 것은, 달이 소마를 담아두는 그릇이기 때문에 신들이 소마를 마시면 일그러진다는 설도 있고, 가네샤가 저주를 걸었기 때문이라는 설도 있다. 또 월식이 일어나는 것은 라후라는 머리밖에 없는 마신이 달을 먹어버리기 때문이라고 한다.

　찬드라는 성선 브리하스파티의 아내 타라를 연모하여 약탈한 적이 있다. 그 후 찬드라와 타라 사이에 태어난 아이가 크샤트리아 계급 달 종족(찬드라밤샤)의 시조이다.

 소마주는 베다 시대부터 있던 신들의 음료인데, 나중에 우유 바다 휘젓기 때 나타난 영약 암리타와 동일시된다. 고대 브라만들은 소마주를 마시기도 하고, 공양물로 올리기도 하였다.

야마

Profile Data			
발　　음	Yama	산스크리트	यम
별　　칭	므리튜(죽음), 칼라(시간·암흑), 안타카(최후의 것, 죽음), 프레타라자(죽은 자들의 왕), 다르마라자(정의의 왕), 염마		
소 유 물	지팡이(야마단다), 새끼줄		
타고 다니는 것	물소, 개		

죽은 자들의 나라를 다스리는 법과 정의의 신

야마는 『리그베다』에도 등장하는 오래된 신이다. 야마는 불교에 흡수되어 동양에서도 친숙한 염마왕이 되었다.

야마는 태양신 비바스바트의 자식이며, 최초의 인간으로서 죽음을 경험하고 죽은 자들 나라의 왕이 된다. 야마에게는 야미(야무나 강의 여신)라는 쌍둥이 여동생이 있다. 야마와 야미가 인류의 시초라는 설도 있지만, 『리그베다』에서는 야마가 여동생 야미의 열렬한 구애를 거절한다.

고대에는 사자의 영혼은 천계에 있는 사자의 나라에서 행복하게 살게 된다고 생각하였다. 하지만 시대가 흐르자, 불교의 염마왕이 지옥에서 사람들의 영혼을 재판하는 것과 마찬가지로, 야마도 사자의 영혼을 재판한다. 현세에서 선행을 쌓은 영혼은 야마의 나라에 가고, 죄를 범한 자는 땅속에 있는 지옥으로 떨어진다. 야마는 손에 든 새끼줄로 영혼을 묶어서 사자의 나라로 데려간다.

아그니

Profile Data			
발　　음	agni	산스크리트	अग्नि
별　　칭	바이슈바나라(모든 사람에게 있는 보편적인 불), 오추사마명왕, 화천		
소　유　물	곤봉, 풀무(불을 피울 때에 바람을 일으키는 기구), 창, 화염		
타고 다니는 것	양		

천계에 사는 신들에게 공양물을 전달하는 신성한 화염의 신

아그니는 불꽃을 신격화한 신이다. 브라만교에서는 불꽃을 하늘과 땅을 잇는 신성한 것으로 본다. 불 속에 공양물을 넣음으로써(아그니에게 대접함으로써) 신에게 공양물을 올릴 수 있다고 믿었다. 아그니에 대한 찬가는 『리그베다』에서 5분의 1을 차지한다. 인드라 다음으로 많은 양이다. 또 아그니는 인드라와 형제이기도 하다.

아그니의 불꽃은 하늘에서는 태양이, 공중에서는 번개가, 지상에서는 축제용 불이나 부엌에서 사용하는 가마용 불이 된다. 아그니는 인체 속에도 있어서 사상의 불꽃이 되기도 하고 분노의 불꽃이 되기도 한다. 영감을 주고 시상(詩想)의 원천이 되는 빛이기도 하다. 유일한 불꽃이 다양한 형태로 모습을 바꾸어 나타난다는 사고방식은 인도 철학 사상하고도 일맥상통한다.

아그니는 거짓말을 할 수 없다. 그래서 죄 없는 청렴한 사람은 불 속에서도 아그니의 보호를 받기 때문에 불 속을 걸어도 무사하다고 믿는다. 어느 날 아그니가 거짓말을 하지 않은 탓에 곤란

[왼쪽] 힌두교의 불을 피우며 행하는 제사 의식, 호마.
[오른쪽] 19세기에 그려진 양을 탄 아그니. 머리가
두 개이고, 후광 부분에서는 불꽃이 타오르고 있다.

에 빠진 성신이 "음식을 먹을 수 없게 되어라!"라며 아그니에게 저
주를 걸었다. 하지만 아그니는 "공양물을 내가 먹음으로써 신에게
전달하는 것인데 내게 저주를 걸면 신들이 화를 낼 것이오"라며 반
대로 성선을 나무랐다. 성선은 아그니에게 사죄하고 "아그니 님께
서 드시는 공양물이 모두 정화되게 해주십시오"라고 기도하였다.

　힌두교에서 불을 피우며 행하는 제사 의식, 즉 '호마(homa)'를 행
할 때는 공양물을 불에 넣고 태우며 기도용 언어인 만트라를 읊는
다. 만트라를 '스바하(svaha)'라는 말로 끝맺는 경우가 있는데, 스
바하는 아그니를 사랑한 여인의 이름이다. 성선 다크샤의 딸인데,
스칸다의 대리모가 된다. 참고로 불교에서 행하는 '호마(護摩)'가 바
로 이 호마이다. 진언의 마지막을 '사바하(娑婆訶)'로 끝내는 것 또
한 '스바하'에서 유래한 것이다.

나가

Profile Data				
발　　음	Nāga		산스크리트	नाग
별　　칭	나가라자(용왕)			
소　유　물	연꽃(마나사만 들고 있다)			
타고 다니는 것	뱀			

때로는 마신을, 때로는 신을 수호하는 뱀신

나가(용족)는 뱀을 신격화한 존재이다. 힌두교 사원에 가면 상반신은 인간이고 하반신은 뱀의 모습을 한 반신의 상이나, 코브라와 흡사한 여러 개의 머리가 달린 거대한 뱀의 형상을 볼 수 있다.

인도에서 맹독을 지닌 뱀(코브라)은 일순간에 목숨을 빼앗는 존재로서 사람들에게 공포의 대상이자 신앙의 대상이다. 오늘날에도 길거리나 나무 밑에 뱀 모양의 '나가칼'이라고 불리는 석상이 다수 모셔져 있다. 인도 신화에 수많은 나가족이 등장하는 것은 이와 같은 토착 뱀 신앙이 정통 힌두교의 일부로 흡수되었기 때문이다.

인도 신화에는 많은 나가가 등장하는데, 특히 위대한 나가는 '나가라자(용왕)'라고 부른다.

브라만교 경전 『리그베다』에 등장하는 마신 브리트라가 나가이다. 비를 가두는 브리트라는 영웅신 인드라에게 처단된다.

하지만 힌두교 시대가 되면 나가는 신을 적대시하는 마신이 아니라 좋은 협력자로서 등장하기 시작한다.

뱀은 독으로 목숨을 빼앗을 뿐 아니라 탈피를 하기 때문에 재생의 상징이기도 하다. 찼다가 기우는 달과 마찬가지로 뱀은 불사와 생명을 관장한다. 뒤얽혀 교미하는 암컷과 수컷의 뱀은 샥티와 풍작의 심벌이기도 하다.

나가는 다양한 모습으로 묘사되는데,
이 일러스트는 아름다우며 무서운 뱀
의 여신 마나사이다.

머리가 여럿인 나가

나가

비슈누의 수호자인 용왕 아난타(셰샤)는 원초의 바다에 누워 있는 비슈누의 침대가 되어준다. 아난타는 비슈누가 크리슈나로 환생하였을 때 형 발라라마로 함께 지상에 내려가 크리슈나를 수호하였다. 또 크리슈나는 비슈누 그 자체이므로, 발라라마(아난타)가 비슈누의 화신이라는 설도 있다.

우유 바다 휘젓기 때 새끼줄의 역할을 한 것이 용왕 바수키이다. 바수키가 이때 독을 뱉었는데, 시바가 그 독을 삼켜서 세계를 구하였다는 이야기가 있다.

크리슈나는 젊었을 때 야무나강을 독으로 물들인 용왕 칼리야를 퇴치한다. 그 후 칼리야 무리는 크리슈나에게 귀의하고 거처를 옮긴다.

나가를 정복하거나 또는 나가를 수호자로 삼음으로써 인도 신들은 토착 신들의 힘을 흡수해 나갔다. 불교에 수용된 대표적인 나가라자는 무칠린다이다. 명상하는 붓다의 등 뒤에서 자신의 몸을 우산처럼 펼쳐서 그의 머리를 보호하는 모습이 조각으로 많이 남아 있다.

시간이 흐르면서 벵골 지방의 뱀 여신 마나사와 크리슈나의 형 발라라마로 환생한 아난타처럼 나가족 자체가 힌두교의 신으로 자리잡는다.

마나사는 성선 카샤파의 딸이라는 말도 있고, 나가족의 시조 카드루가 낳은 자식 가운데 한 명이자 셰샤의 여동생이라는 말도 있고, 시바의 가족이라는 말도 있다. 마나사는 신앙하는 자에게는

 나가족은 지하 세계 파탈라와 하천에 산다. 남성은 나가, 여성은 나기 또는 나기니라고 하고, 남녀 모두 용모가 아름답다. 사원의 문과 벽면에서 하반신이 뱀의 형상인 나가 조각상을 볼 수 있다.

신화에 등장하는 나가족

이름	특징
브리트라	인드라의 적. 비를 가두고 사람들을 괴롭혀서 인드라가 퇴치한다.
아난타 (세샤)	셰사는 파탈라(지하 세계)의 왕이다. 아난타는 '영원'이라는 뜻이다.
바수키	우유 바다 휘젓기 때 새끼줄 역할을 한다. 괴로워서 뱉고 만 독을 시바가 삼킨다.
칼코타카	날라 왕이 목숨을 구해준 것에 대한 은혜를 갚기 위해 마신 칼리를 독으로 제압하고 날라 왕을 구한다.
울루피	용왕 카우라바의 딸. 아르주나를 보고 첫눈에 반해서 막무가내로 아내가 된다.
칼리야	야무나강을 독으로 오염시켜서 크리슈나가 퇴치한다. 그 후 다른 곳으로 거처를 옮긴다.
탁샤카	아르주나의 손자 파리크시트 왕을 독으로 죽인 교활한 용왕.

아난타
(세샤)

행복을 가져다주지만, 업신여기면 무섭게 돌변하는 여신이다. 여성들은 임신, 출산, 육아의 여신으로서 신봉한다.

인도에서는 7월~8월경에 나가판차미라는 축제가 열린다. 남인도와 벵골주, 마하라슈트라주 등이 특히 유명한데, 뱀과 뱀 조각상에게 우유를 바친다. 뱀이 늘어나는 계절을 앞두고 뱀에게 기도를 올림으로써 독사에게 물리는 것을 예방하기 위함이다.

가루다

Profile Data				
발 음	Garuḍa	산스크리트	गरुड
별 칭	바이나테야(비나타의 자식), 비나야카(얼굴이 하얀 자), 락타팍샤(붉은 날개를 가진 자), 가루라천			

혼자서 천계에 쳐들어가 암리타를 약탈한 반신

가루다는 새의 얼굴과 부리와 날개를 가진 반신이다. 뱀신 나가 (용족)의 천적으로 나가를 먹어 치운다. 가루다는 대성선 카샤파와 아내 비나타 사이에서 태어났다. 가루다가 태어났을 때 가루다의 어머니는 카슈파의 또 다른 아내 카드루와의 승부에서 패하여 나가 일족의 노예가 된 상태였다. 가루다는 카드루에게 어머니를 노예 상태에서 해방시켜주고 싶다고 말하자, 카드루는 천계에 있는 암리타를 훔쳐 오면 어머니를 해방시켜주겠다고 조건을 내건다. 가루다는 어머니를 구하기 위해 하늘을 날아서 천계로 향한다.

가루다는 곧장 암리타가 보관되어 있는 곳으로 갔다. 신들도 필사적으로 싸웠지만, 가루다는 신들을 모조리 꺾고 암리타를 빼앗는다. 인드라는 혼자서 천계에 쳐들어온 가루다의 강인함에 반해 친구로 삼는다. 비슈누도 가루다가 싸우는 모습을 보고 감격해서 그의 소원대로 불로불사의 몸을 주고 나가를 먹는 것을 허락한다. 가루다는 그에 대한 보답으로 비슈누를 어디든지 태우고 다니기로 한다. 그 후 가루다는 어머니를 해방시켰고 행복하게 살았다.

 암리타를 가지고 돌아온 가루다는 어머니를 노예 신분에서 풀어준다. 하지만 가루다가 계략을 꾸며주며 나가는 암리타를 마시기 전에 암리타 항아리를 인드라에게 빼앗긴다. 그래서 결국 나가는 불사가 되지 못한다.

아프사라스/간다르바

Profile Data

발 음	Apsaras/Gandharva	산스크리트	अप्सरस् / गन्धर्व
별 칭	건달바(간다르바)		
소 유 물	악기(간다르바)		

천계와 맑은 물가에 사는 신들의 사자

아프사라스와 간다르바는 베다 시대부터 등장하는 오랜 역사를 지닌 존재이다. 그들은 하늘을 나는 천사 또는 물의 정령과 같은 종족으로 여겨졌다.

아프사라스는 여성이며 천녀와 같은 존재이다. 천계에서 신들과 함께 살고, 지상에서는 물새의 모습으로 물가에서 산다. 간다르바는 남성이며 천계의 악사이다. 날개가 있고, 하반신이 새의 모습을 하고 있다. 아프사라스와 간다르바가 한 쌍의 부부가 되도록 정해져 있는데, 아프사라스는 상대가 남성이면 종족에 상관없이 연인이 되기도 한다.

아프사라스는 신도 마음을 빼앗길 정도로 외모가 아름다운데, 신의 명령으로 미인계에 이용되기도 한다. 자신의 뜻과 상관없이 강제로 성선에게 보내져 돌이 되고만 가여운 람바와, 신들에게 맞선 형제 마물을 유혹해서 서로 싸우게 함으로써 멸망시킨 절세 미인 틸로타마가 유명하다. 인간 남자와 서로 사랑하며 행복하게 산 우르바시 이야기도 유명하다.

다키니

Profile Data			
발 음	Ḍākinī	산스크리트	다키니
소 유 물	검, 잔		
타고 다니는 것	자칼		

칼리의 종자이자 묘지에 모여드는 마녀

다키니는 피를 좋아하는 여신 칼리의 종자이자, 자칼을 타고 다니며 묘지에 모여드는 마녀와 같은 존재이다. 다키니들은 밤이 되면 불길한 장소에 모여서 하늘을 비행하거나 시체를 먹는다. 일본에서는 다길니천이라는 이름으로 불교에 흡수되었으며, 이나리 신사에서 본존으로 모시고 있다. 탄트리즘이 성행한 시대에는 대여신(마하데바)의 힘을 나타내는 모습이라며 숭배되었다. 탄트리즘의 영향을 강하게 받은 불교는 히말라야를 경유해서 티벳 불교로 발전해 나갔다. 티벳 불교에서는 해골로 만들어진 잔을 들고 있는 모습으로 그려지는데, 지혜를 내려주는 중요한 존재이다.

또 다키니는 요기니(여성 수행자, 칼리의 종자)하고도 동일시된다. 여신 신앙에서, 두르가의 머리카락에서 태어난 위대한 팔모신(마트리카스)에게는 각각 여덟 명씩의 종자 요기니가 있다. 즉, 여신들의 종자는 총 64명이다. 두르가 본인도 요기니라고 불린다.

 남인도에는 죄를 정화해주고, 윤회에서 벗어나게 해주며, 어떤 소원이든 들어주는 토착신이 있다. 비슈누의 화신 벤카테슈와라이다. 날카로운 눈빛으로 신자를 보호하기 때문에 조각상의 얼굴을 눈가리개로 덮어 둔다.

카마

Profile Data

발 음	Kāma	산스크리트	카마
별 칭	카마데바(사랑의 신), 아비루파(아름다운 모습을 한 자), 아낭가(모습이 없는 자), 마라(살육자), 푸슈파다누스(활을 꽃으로 장식한 자)		
소 유 물	사탕수수로 된 활과 꽃으로 만들어진 화살		
타고 다니는 것	앵무새		

활로 마음을 꿰뚫는 인도의 큐피드

카마는 카마데바(사랑의 신)라고도 불리는 사랑을 관장하는 신이다. 아름다운 청년의 모습을 하고 있으며, 앵무새를 타고 다니고, 특별한 활을 가지고 있다. 사탕수수로 된 활, 꿀벌을 이어서 만든 활시위, 연꽃과 자스민을 비롯한 다섯 가지의 꽃이 달린 화살이다. 그야말로 사랑스러운 활과 화살이라고 할 수 있는데, 이 사랑의 화살을 맞으면 순식간에 사랑에 빠진다.

어느 날 카마는 시바의 분노를 산 탓에 몸이 활활 타고 만다. 그래서 '사랑'은 '형태가 없는 것(아낭가)'이 되었다. 카마의 아내 라티는 남편을 잃어 슬퍼하며 한탄하였다. 그 후 카마는 크리슈나와 룩미니의 아들로 환생하였고, 아내 라티와 재회하여 행복하게 산다.

카마에게는 바산타(봄)라는 절친한 친구가 있다. 카마가 바산타와 함께 걷는 것을 좋아해서 봄에 사랑에 빠지기 쉬운 것이라고 한다. 또 사랑의 경전 『카마수트라』는 육체적 욕구를 부끄러운 것이 아니라 받아들이고 즐겨야 하는 것으로 자리매김시켰다.

신과 하나가 되길 갈망하는 '탄트리즘'

　탄트리즘은 신과 일체화되고자 하는 사상 중의 하나이다. 여신 신앙과 관련이 깊은데, 비슈누파와 불교에서도 유행하였고, 일본에는 밀교로서 유입되었다. 탄트리즘에는 남성 원리와 여성 원리의 합일로 신에게 다가가려는 사고방식이 있어서 베다 제식과는 정반대로 오히려 부정하게 여기는 피를 비롯한 '더러운 것'을 만지는 좌도 의식과 성적 의식을 행하기도 한다. 그러나 이와 같은 의식은 폐지되었고, 정신적으로 신과 일체화될 수 있는 방법을 논하는 사상이 주류가 되었다. 인도 중부의 히라풀에 있는 '카우사트 요기니 사찰'은 탄트리즘이 성행한 시절에 만들어진 사원이다. 원형으로 된 지붕 없는 독특한 건물 벽에 64개의 요기니 상이 조각되어 있다. 칼리의 종자에는 요기니와 다키니가 있는데, 탄트리즘에서는 성적 의식을 함께 행하는 파트너를 요기니 또는 다키니라고 부른다. 그래서 이러한 여신상을 중요시하는 듯하다.

[왼쪽]◉친나마스타
친나마스타(단두녀)라는 그림이다. 여신이 굶주린 종자(다키니)들에게 자신의 피를 나누어 주고 있다. 발밑에는 성교를 나누는 남녀가 있다. 여신은 샥티의 표상이다.

[오른쪽]◉요기니 사원
히라풀의 카우사트 요기니 사찰.

세계 유산 카주라호 사원군의 벽면을 메우고 있는 관능적인 남녀 교합상(미투나)도 탄트리즘의 영향을 받은 것이다. 북인도에 위치하는 사원이지만, 숲에 둘러싸여 있던 덕분에 무슬림의 파괴를 피할 수 있었다.

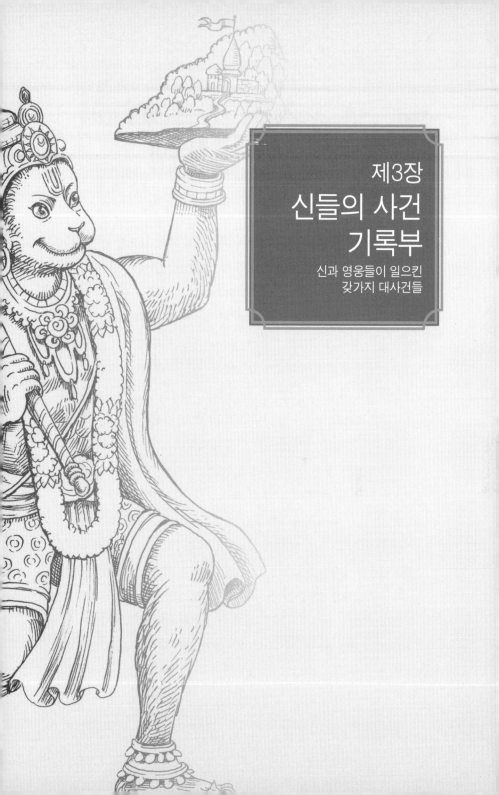

제3장
신들의 사건
기록부

신과 영웅들이 일으킨
갖가지 대사건들

우유 바다 휘젓기 사건

바다를 휘저어 불로불사의 약을 득템!

주요 인물 비슈누

옛날옛적에 신과 마신들이 매일같이 전쟁을 하던 시절의 이야기이다. 마신의 강인함에 질리고 전쟁에 지친 신들은 어떻게든 불사의 영약 암리타를 손에 넣어 힘을 회복하고 싶었다. 브라마가 조언을 구하자 비슈누는 "신과 마신이 함께 바다를 휘저으면 거기에서 보물과 함께 암리타를 얻을 수 있으리라"고 말하였다. 신은 암리타를 구하기 위해 마신에게 협력해 달라고 요청하였고, 함께 바다를 젖기로 하였다.

신들은 바다를 젖기 위한 막대로 만다라산을 사용하려고 하였지만, 산이 너무나도 커서 쉽사리 뽑히지 않았다. 그래서 브라마는 거대한 나가인 용왕 아난타로 산을 뽑아서 바다로 가져왔다. 그리고 거북이왕 아쿠파라(또는 비슈누의 화신인 거대 거북이 쿠르마)의 등 위에 산을 올리고, 새끼줄 대신에 용왕 바수키를 산에 동여맸다. 거북이를 중심축으로 삼아서 신과 마신들은 바수키의 양 끝을 잡고 잡아당기면서 바다를 빙글빙글 휘저었다.

너무나도 세게 잡아 당겨진 바수키는 고통스러운 나머지 입으로 독을 흩뿌렸다. 독으로 인해 세계가 멸망할 위기에 처하자 시바가 독을 삼켜 세상을 구하였다. 독 때문에 시바의 목은 파랗게 되었

우유 바다 휘젓기의 신화

우유 바다 휘젓기 이야기는 『마하바라타』와 『라마야나』 양쪽 모두에 수록되어 있다. 바다에 막대를 넣고 휘저어 무언가를 만들어내는 행위는 성교를 암시하는 듯도 하고, 우유로 버터를 만드는 일련의 작업인 항아리에 든 우유를 막대기로 휘젓는 모습을 모방하는 듯도 하다. 버터를 증류시킨 버터기름 '기'는 성스러운 음식으로 여겨졌으며, 의식에도 사용되었다.

다. 또 마찰로 불길이 솟아 산불이 일어났고, 산에 살던 많은 생명체가 죽었다. 인드라가 비를 내려 불을 끄자 산에서 흘러내린 다양한 액체가 바닷물과 섞여 바다가 우유처럼 되었다. 액체는 암리타와 흡사한 액체가 되었고, 이를 마신 신들은 불사가 되었지만, 여전히 진짜 암리타는 나타나지 않았다.

비슈누는 브라마로부터 힘을 빌려달라는 요청을 받고 신들에게 힘을 주었고, 신들은 바다를 더욱 열심히 저었다. 그러자 바다가 기(인도에서 즐겨 먹는 버터기름)가 되었고, 태양(수리야)과 달(찬드라)가 나타났다.

바다에서 락슈미, 술의 여신 바루니, 백마 우차이슈라바스, 보석 카우스투바가 나타났고, 그 밖에도 성스러운 나무 파리자타, 아프사라스, 성스러운 암소가 태어났다. 그리고 마지막으로 암리타가 들어 있는 항아리를 든 신들의 의사 단반타리가 나타났다.

락슈미는 비슈누의 왼쪽 무릎에 앉았으므로 비슈누는 그녀를 아내로 삼았다. 백마 우차이슈라바스는 인드라가 가졌고, 보석 카우스투바는 비슈누의 가슴을 장식하였다. 마신들은 신보다 먼저 암리타를 손에 넣었지만, 미녀 모히니로 변신한 비슈누의 계략에 빠져 항아리를 빼앗겼고, 신들이 암리타를 독점한다.

참고로 이때 마신 라후가 신으로 변신하여 암리타를 마시려 하였는데, 태양과 달이 고자질해서 마시는 도중에 비슈누가 목을 잘라버린다. 암리타를 마셔 불사가 된 라후의 목은 하늘로 날아올랐고, 이때부터 태양과 달을 쫓아다니기 시작한다. 일식과 월식이 일어나는 것은 라후가 태양과 달을 삼키기 때문이다.

암리타를 빼앗긴 마신들은 격노하였고, 신들에게 싸움을 걸었지만 암리타를 마신 신들에게는 대적이 되지 않았다. 신들은 만다라 산을 원래 있는 곳에 가져다 놓았고, 남은 암리타를 소중하게 보관하였다. 인드라가 암리타를 지키게 되었다.

우유 바다 휘젓기를 그린 예술 작품 ─────────────

새끼줄 대신에 용왕 바수키를
산에 묶고 잡아당기며 우유
바다를 휘젓는 모습.

용왕 바수키가 흩뿌린 독을 시바
가 마셔서 세계를 구하는 장면.

여자가 된 비슈누를 사랑한 시바

주요 인물
비슈누

우유 바다 휘젓기 이야기에서 불사의 약 암리타를 가진 의사 단반타리가 나타났을 때의 이야기이다.

신과 마신들은 암리타를 얻기 위해 앞다투어 항아리 주변으로 몰려들었고, 마신들이 먼저 암리타가 든 항아리를 손에 넣었다. 암리타를 마신에게 넘겨줄 순 없다고 생각한 비슈누는 빛나는 미녀 모히니로 변신하여 마신들에게 접근하였다.

화려한 미모에 온몸이 녹작지근해진 마신들은 모히니에게 항아리를 건넸고, 그녀에게 암리타를 나누어달라고 청하였다. 하지만 모히니는 마신들을 제치고 신들에게 항아리를 건넸다.

모히니의 활약을 보고 아름다움과 현명함에 마음을 빼앗긴 시바는 그녀에게 구애하였다. 모히니와 시바는 즉시 뜨거운 하룻밤을 보냈고, 그 결과 모히니는 임신하였다. 둘 사이에서 태어난 아들 하리하라는 비슈누와 시바의 장점을 모두 지닌 신이 되었다.

 하리하라처럼 여러 신이 일체화된 모습을 한 신은 그 밖에도 있다. 시바와 파르바티가 합체된 '아르다나리슈바라'는 오른쪽 몸은 시바이고 왼쪽 몸은 파르바티이다.

비슈누와 시바의 아들, 하리하라

하리하라는 비슈누와 시바의 아들이다. 몸의 반절은 비슈누(하리)의 모습을 하고 있고 나머지 반절은 시바(하라)의 모습을 하고 있다. 남인도에서는 아야파라고 부르는데, 케랄라주에서 특히 인기가 많다. '하리하라푸트라'라고도 한다. 아야파는 호랑이를 탄 모습이나, 요가할 때 사용하는 벨트를 발에 말고 앉아 있는 모습으로 표현된다. 수행자이기 때문에 독신이다. 아야파를 모시는 사원 중에서는 사바리말라 사원이 유명하며, 신자들은 검은 옷을 입고 맨발로 참배한다. 정통 힌두교 경전에서는 시바의 아들이 가네샤와 스칸다 둘뿐이라고 말하는 것으로 보아 아야파도 다른 신과 마찬가지로 나중에 힌두교에 흡수된 지방신 중의 하나인 듯하다.

호랑이를 탄 소년 시절의 아야파는 마니칸타라고 부른다.

몸의 반절은 비슈누이고 반절은 시바인 모습으로 묘사되는 하리하라.

훔친 정액에서 태어난 스칸다!

주요 인물
스칸다

　어느 날 위대한 일곱 명의 성선들이 의식을 행하였을 때 불꽃 속에서 아그니가 소환되었다. 아그니는 성선들의 아름다운 아내를 보고 첫눈에 반하였지만, 유부녀에게 손을 댈 수 없어서 그녀들의 집 아궁이 불꽃 속에서 모습을 몰래 훔쳐보며 한숨을 내쉬곤 하였다. 사랑에 애가 타다 못 한 아그니는 이대로 몸을 버려야겠다고 결심하고 숲으로 들어갔다.

　한편, 성선 다크샤(시바의 첫 번째 아내 사티의 아버지)의 딸 스바하는 줄곧 아그니를 짝사랑하고 있었다. 아그니가 숲으로 들어가는 것을 본 그녀는 뒤를 쫓았다. 스바하는 아그니가 성선들의 아내를 짝사랑하고 있음을 알고 있었기 때문에 먼저 대성선 앙기라스의 아내 수루파로 변신하여 아그니의 앞에 나타났다. 아그니는 진심으로 기뻐하였다. 설마 스바하가 변신한 모습일 줄은 눈곱만큼도 생각지 못하였고, 사랑하던 성선의 아내에게 "아그니 님을 줄곧 사모하고 있었습니다"라는 고백까지 받았기 때문이었다. 두 사람은 정을 통하였다. 스바하도 목적을 달성하여 행복하였다.

　아그니의 정액을 얻은 그녀는 들키지 않게 숲을 빠져나갔다. 하

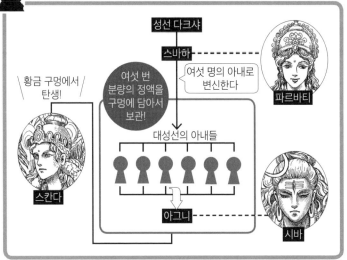

늘을 날아서 슈베타산으로 갔고, 황금 구멍 속에 정액을 떨어트려 보관하였다. 그 후 스바하는 성선의 아내로 차례로 변신하여 아그니를 만났고, 그때마다 정액을 구멍 속에 넣었다. 딱 한 명, 몹시 정숙하여 도저히 변신할 수 없었던 아내를 제외하고, 여섯 번 분량의 정액을 넣은 구멍에서 스칸다가 태어났다. 스칸다는 여섯 개의 얼굴과 열두 개의 팔을 가지고 있었다. 스칸다는 나흘째 되는 날에 완전한 모습이 되었고, 그의 포효 소리는 전 세계를 떨게 하였다. 스칸다는 그 후 인드라와 싸웠고, 인드라의 인정을 받아 신들 군대의 총대장 지위를 얻게 된다.

하지만 스칸다가 대성선들의 아내와 아그니의 자식이라는 소문이 퍼졌고, 여섯 명의 성선 아내들은 이혼을 당하였다. 아내들은 스칸다를 찾아가 간청하였다. "당신이 우리한테서 태어났다는 소문이 돌고 있습니다. 부디 그 소문이 오해임을 모두에게 보여주십시오."

스칸다는 성선의 아내들이 결백함을 증명하기 위해 그녀들을 하늘에서 빛나는 여섯 개의 별, 플레이아데스 성단(카르티케야)으로 만들어주었다.

아그니와 몸을 섞은 스바하도 간청하였다. "제가 당신의 친어머니입니다. 저는 다크샤의 딸인데, 줄곧 제사용 불꽃을 사랑하였습니다. 저는 아그니 님을 사모합니다. 영원히 아그니 님과 함께 있을 수 있게 해주십시오."

스칸다는 그 소원을 들어주었다. 불꽃에 공양물을 던져넣을 때 "스바하!"라고 외게 된 것이다.

그 후 브라마가 스칸다에게 진실을 알려주었다. "사실 그대는 시바와 파르바티의 아들이다. 시바가 아그니의 몸속에 들어갔고, 파르바티가 스바하의 몸속에 들어가 있었느니라"라고. 이야기를 들은 스칸다는 시바와 파르바티를 찾아갔고, 아버지 시바에게 경의를 표하였다.

스칸다가 신들의 장군이 된 후 마신 마히샤가 군대를 이끌고 시바와 파르바티를 습격해왔다. 스칸다는 창을 던져 마히샤를 쓰러트리고 마신들을 모조리 죽였다. 인드라와 신들, 성선들은 스칸다의 무훈을 칭송하였다.

 인도 신화에 등장하는 왕가는 달 종족(찬드라밤샤)과 태양 종족(수리야밤샤)으로 나뉜다. 달 종족은 달의 신 찬드라, 태양 종족은 태양신 비바스바트의 자손이다.

스칸다의 탄생을 표현한 예술 작품 ―――――――――――――

인드라와 데바세나를 만난 스칸다.

스칸다는 오랜 역사를 지닌 신이다. 아
그니와 함께 조각되어 있다. 마두라 박
물관 소장(1세기).

미나크시암만 사원의 벽면을 장식하고 있는
스칸다.

스칸다 탄생 비화

산과 숲을 뒤덮은 정액 대홍수

주요 인물
시바

시바와 파르바티는 무척 금실이 좋았지만, 아무리 사랑을 나누어도 아이가 생기지 않았다. 신들은 시바 앞에 엎드려 간청하였다. "시바 님이시여, 파르바티 님과 함께 수행하는 것이 좋지 않겠습니까? 성교를 자제하고 정력을 비축하고 이 세계를 지켜주십시오."

시바는 "그대들의 말이 옳다. 하지만 정액을 계속해서 쌓아둘 수는 없지 않은가? 받아줄 존재가 없으면 넘치는 정액은 어찌 되겠는가?" 하고 물었다.

신들은 "그때는 대지의 여신이 당신의 정액을 받아줄 것이니 아무런 문제가 되지 않습니다"라고 대답하였다. 이에 시바는 쌓아두었던 정액을 모두 쏟아냈다.

시바의 정액은 계속 흘러넘쳐 산과 숲을 뒤덮었고, 이윽고 대지는 시바의 정액으로 가득 찼다.

신들의 부탁을 받은 풍신 바유와 화염의 신 아그니가 시바의 정액을 받아서 슈베타산과 샤라바나 숲을 만들었다.

파르바티는 크게 분노하며 신들을 저주하였다. "남편과 사랑을 나누는 것을 금지당하였으니, 지금 이대로는 아이를 낳을 수가 없다. 그대들의 아내도 자식을 낳을 수 없게 하겠다. 내 남편의 정액을 받은 대지의 여신이여, 그대는 많은 남성의 아내가 되리라. 하지만 아이를 낳는 기쁨을 맛보지 못하리라."

난처해진 신들이 브라마에게 조언을 구하자 "우리는 저주를 받아 아이를 만들 수 없지만, 히말라야에 있는 파르바티의 언니 강가에게 아그니가 받은 시바의 정액을 뿌리면 된다. 태어난 아이를 파르바티도 예뻐할 것이다"고 말하였다.

신의 부탁을 받고 아그니는 강가에게 시바의 정액을 뿌렸다. 불꽃 같은 정액이 온몸에 쏟아져 내리자 강가는 전율하였다. 강가의 몸을 타고 대지로 떨어진 정액은 땅속으로 스며 황금과 철 등의 금속이 되었다.

그 후 강가는 황금색으로 빛나는 아이를 낳았다. 아기가 떨어진 그 장소에 있던 나무와 풀은 모두 금색으로 변하였다. 아기는 스칸다라고 명명되었다. 플레이아데스 성단의 여섯 여신은 스칸다에게 젖을 주었고, 자신들의 아들로 삼았다. 스칸다는 여섯 명의 어머니로부터 젖을 빨아 여섯 개의 얼굴을 가지게 되었다.

신들은 "이 사내아이는 삼계(三界)에 이름을 떨치는 자가 되리라"라고 예언하였다. 예언대로 하루 만에 멋진 소년(쿠마라)으로 성장한 스칸다는 마신들의 군대 세력과 싸워 멋지게 승리를 거두었다.

사비트리 이야기

죽음의 신 야마,
여성의 끈질긴 애원에
결국 죽은 자를 살려주다!!

**주요 인물
사비트리**

먼 옛날 마두라국에 훌륭한 왕이 있었다. 왕은 좀처럼 자식이 생기지 않아서 18년간 고행을 하며 여신 사비트리에게 "제발 저에게 자식을 내려주십시오"라고 기도하였다. 여신은 왕이 고행하는 모습을 지켜보고 만족스러워 옥구슬처럼 아름다운 여자아이를 내려주었다. 왕은 무척 기뻐하며 여신의 이름을 따서 딸에게 사비트리라고 이름 붙였다. 그녀는 여신처럼 멋지고 아름다운 처녀로 성장하였다.

하지만 난처한 일이 벌어졌다. 사비트리 공주가 너무나도 아름다운 나머지 왕족도 기가 죽어서 아무도 그녀에게 청혼하지 않았다. 고민한 끝에 왕은 공주에게 "직접 마음에 드는 남자를 찾아오거라"라고 명하였고 여행을 떠나보냈다.

공주는 왕의 명령대로 여행을 나서기로 하였다. 황금 마차를 타고 대신을 데리고 여행하며 현자와 성선들의 암자를 방문하였고 견식을 넓혀나갔다. 긴 여행을 하고 돌아온 공주는 마음에 드는 상대를 찾았느냐고 묻는 왕에게 즉시 보고하였다.

"지금은 은둔지에서 아버지와 함께 살고 있는 샤르바국 맹인왕의 아들, 사트야바트로 정하였습니다. 그만큼 멋진 인물은 없습니다. 저의 결혼 상대는 그 사람밖에 없습니다."

공주의 말을 듣고 옆에 있던 성선 나라다는 미간을 찌푸렸다. 사트야바트 왕자는 견줄 자가 없을 정도로 훌륭한 자질을 가진 젊은 이였으나, 앞으로 일 년밖에 수명이 남아 있지 않았다.

이 사실을 안 왕은 공주에게 사트야바트를 포기하라며 설득하였지만, 공주의 굳은 결심을 바꿀 수는 없었다. 왕은 단념하고 두 사람의 결혼을 허락하였다.

사트야바트 왕자와 결혼한 사비트리 공주는 왕자의 가족들과 숲 깊은 곳에서 행복하게 살았다. 하지만 공주의 마음은 편안치 않았다. 남편이 죽을 날이 시시각각으로 다가왔기 때문이다. 남은 수명이 앞으로 나흘 남은 날부터 사비트리는 단식을 시작하였다. 그리고 마지막 날, 남편과 함께 숲 밖으로 외출하였다. 머지않아 사트야바트는 "머리가 아파서 쉬고 싶소"라며 누웠다. 사비트리는 남편의 머리를 무릎 위에 올리고, 드디어 마지막 때가 되었음을 직감하고 마음의 준비를 하였다.

그때 갑자기 눈앞에 낯선 남자가 나타났다. 머리에 커다란 관을 쓰고 아름다운 복식을 한 그 남자는 어느 모로 보나 평범한 인간으로 보이지 않았다. 사비트리가 용기를 내어 "당신은 누구십니까?"라고 묻자, 남자는 "나는 정의와 죽음을 관장하는 신, 야마요. 그대 남편의 수명이 다하여 죽은 자들의 세계로 데려가려 하오. 그대 남편은 덕망 높은 인물이기에 부하가 아니라 내가 직접 데리러 온

것이오"라고 대답하고, 남편의 영혼을 새끼줄로 묶어 데려가려고
하였다.

사비트리는 이를 저지하기 위해 야마를 필사적으로 뒤쫓았다.
하지만 야마는 "남편은 이미 죽었으니 집으로 돌아가 장례를 치르
도록 하시오. 단식하여 약해진 몸으로 날 쫓은들 당신이 할 수 있
는 일은 아무것도 없소"라며 타일렀다. 하지만 그녀는 포기하지
않았다. "존경하는 야마 신이시여. 저분을 어디로 데려가든 저는
절대로 곁을 떠나지 않을 것입니다. 어떠한 때든 함께 하겠다고
맹세하였습니다. 맹세는 절대로 깨서는 안 된다는 것을 법과 정의
를 관장하는 위대한 야마 신께서도 아시지요?"라며 야마를 설득하
였다. 야마는 그녀의 말을 듣고 마음이 흡족해져서, 남편을 살려
달라는 것이 아니라면 무엇이든지 소원을 들어주겠다고 하였다.
사비트리는 시아버지가 앞을 볼 수 있게 해달라고 빌었고, 야마는
소원을 들어주었다. 소원이 이루어지자 사비트리는 야마를 칭송
하였고, 야마는 그때마다 그녀의 소원을 또 들어주었다.

마지막으로 "백 명의 자식을 내려주십시오"라는 소원을 들어준
순간, 사비트리는 야마를 보며 미소지었다. "저는 사트야바트 이
외의 다른 사람은 남편으로 받아들이지 않겠다고 맹세하였습니
다. 그가 없으면 저는 아이를 가질 수 없습니다. 앞서 들어주신 소
원이 성취되도록 남편을 살려주십시오. 만약 그리하지 않으신다
면 야마 님께서 약속을 어기는 것이 됩니다." 제대로 함정에 빠졌
음을 안 야마는 사비트리의 현명함을 칭송하며 사트야바트의 영

남편의 영혼을 데려가려는 사자의 왕 야마에게 필사적으로 간청하는 사비트리.

혼을 몸으로 되돌려놓았고 사자의 나라로 돌아갔다.

사실, 사비트리는 시아버지가 눈을 뜨게 해달라는 소원 외에도, 나라에서 쫓겨난 시아버지가 다시 나라로 되돌아가게 해달라고 하는 등, 여러 개의 소원을 빌었다. 무사히 집으로 돌아온 사비트리는 눈을 뜬 시아버지에게 남편에게 무슨 일이 있었는지를 모두 이야기하였다.

그 후 샤르바국의 대신이 찾아와서 샤트야바트와 사비트리는 나라로 돌아갔다. 왕위를 이어받았고 다 함께 행복하게 살았다.

날라 왕 이야기

신랑감 고르기
의식에서 대성공!

**주요 인물
다마얀티**

먼 옛날 니샤다국에 날라라는 왕이 있었다. 날라 왕은 신심이 깊고, 덕망도 두텁고 인망도 높으며, 전차와 말을 잘 다루는 훌륭한 인물이었다. 또, 같은 시대에 비달바국에는 다마얀티라는 공주가 있었다. 어찌나 아름다운지 그녀 앞에서는 천녀 아프사라스도 부끄러워할 정도였다. 날라 왕은 다마얀티 공주의 소문을 들었고, 다마얀티 공주도 날라 왕의 소문을 들었다. 두 사람은 서로에게 연심을 품었다.

어느 날 날라 왕은 황금새 함사의 목숨을 구해주었고, 대신에 먼 나라에 있는 다마얀티에게 자신의 마음을 전해달라고 청하였다. 다마얀티도 마찬가지로 함사에게 자신의 마음을 전해달라고 하였고, 두 사람은 서로의 마음을 알게 되었다.

하지만 다마얀티는 상사병이 심하여 언제나 낯빛이 좋지 못하였다. 아무것도 모르는 왕은 기운이 없는 딸이 걱정되어서 슬슬 결혼시켜야겠다 생각하고 신랑감 고르기 의식을 거행하기로 한다. 절세 미녀를 아내로 맞이할 기회임을 알고 왕족들은 앞을 다투어 비달바국으로 향하였다. 물론 그중에는 날라 왕도 있었다.

날라 왕 이야기는 『마하바라타』에 나오는 유명한 설화이다. 마신에게 씌여 도박으로 모든 것을 잃는 왕과 그런 남편을 사랑해서 뒤쫓는 다마얀티 공주의 이야기이다. 긍정적이며 강인한 그녀의 이야기는 우리에게 용기를 준다.

다마얀티의 미모는 천계에까지 소문이 나 있었기 때문에 신들도 그녀를 손에 넣고자 지상으로 내려왔다. 인드라, 아그니, 바루나, 야마의 4신은 빛나도록 아름나운 날라 왕을 보고 이 남사가 라이벌이 되리라는 것을 직감하였다. 그들은 날라 왕 앞에 신으로서의 모습을 드러내고 "날라여, 신의 사자로서 다마얀티를 만나거라. 우리는 다마얀티를 얻고 싶도다"라고 명하였다.

다마얀티와 꼭 결혼하고 싶던 날라 왕은 무척 곤란하였지만, 신의 요청을 거절할 수는 없었다. 의식 전에 몰래 성으로 숨어들어 다마얀티에게 신의 말을 전하기로 한다.

처음으로 만난 두 사람은 서로를 보고 첫눈에 반하여 정말로 사랑에 빠졌다. 사랑하는 사람을 만난 기쁨에 두 사람은 설레였지만, 날라 왕은 괴로운 마음을 안고 그녀에게 "신을 선택해주시오"라고 청하였다. 다마얀티는 "신들에게도 신랑감 고르기 의식에 참가해달라고 전해주십시오. 그 자리에서 나는 신이 아니라 당신을 선택하겠습니다"라고 말하였고 마음을 바꾸지 않았다.

그리고 신랑감 고르기 의식 날이 되었다. 근사하게 차려입은 왕들이 성으로 모여들었다. 하지만 그 자리에 모인 사람들은 모두 눈을 의심하였다. 날라 왕의 모습을 한 사람이 다섯 명이나 있었기 때문이다. 다마얀티는 신들이 눈앞에 있음에도 공포심을 꾹 억누르고 "저는 날라 왕을 남편으로 맞이하기로 맹세하였습니다. 신들이여, 부디 저의 맹세를 지켜주십시오"라고 큰 소리로 말하였다. 비통해하며 외치는 그녀를 보고 신들은 가여운 마음이 들어

신의 모습을 드러냈다. 모습은 똑같지만 땀 한 방울 흘리지 않으며 아름다운 모습을 유지하는 신을 보고 다마얀티는 진짜 날라 왕의 목에 화환을 걸었다.

신에게 거역하면서까지 사랑을 관철하는 모습을 보고 감명한 신들은 날라 왕에게 은혜를 내렸다. 인드라는 신을 볼 수 있는 눈을, 아그니는 언제든지 불꽃과 빛을 만들어낼 수 있는 힘을, 야마는 자애로운 덕과 맛있는 음식을 만들어낼 수 있는 힘을, 바루나는 원할 때 언제든지 바루나를 불러낼 수 있는 힘을 주었다.

다마얀티와 날라 왕은 사람들과 신들의 축복을 받으며 결혼하였다. 많은 자식을 낳고, 행복한 나날을 보냈다.

하지만 그 후 두 사람에게 불행이 찾아왔다. 다마얀티의 아름다움을 노린 마신 칼리는 날라 왕에게 빙의하여 날라 왕과 그의 남동생을 꼬드겼다. 함정에 빠진 날라 왕은 남동생이 하자는 대로 미친 듯이 도박에 빠져들었다. 그리고 결국 나라를 잃었고, 다마얀티와 함께 성에서 쫓겨났다.

두 사람은 숲속을 헤맸다. 칼리에게 씌어 정상적인 판단을 할 수 없는 날라 왕은 아내를 위험한 숲에 남겨둔 채 떠난다.

다마얀티는 자고 일어나 남편이 없어진 것을 보고 깜짝 놀랐다. 하지만 슬퍼 한탄하면서도 계속해서 숲을 헤맸고, 그러다가 보부상 무리를 만나 그들과 함께 체디국으로 갔다.

문 앞에 사람들이 모여 다마얀티를 놀리고 있는 것을 보고 왕비는 그녀에게 흥미를 느낀다. 비록 누더기를 입은 지저분한 모습을

신랑감 고르기 의식 '스바얌바라'

　고대 인도에서 브라만 계급의 딸은 부모가 결혼 상대를 정하는 것이 전통이었지만, 전사 계급 크샤트리아(왕족)의 딸은 '신랑감 고르기 의식(스바얌바라)'를 행하기도 하였다. 다마얀티는 신을 제치고 인간인 날라 왕을 선택하였다. 신랑감 고르기 의식을 치르지 않았지만, 야마로부터 남편을 되찾은 사비트리도 자신의 의지로 남편을 골랐다. 드라우파디와 시타는 도전자가 난문을 푸는 것을 전제로 하였으나, 역시 신랑감 고르기 의식을 행하였다. 이는 여성의 의사를 존중하는 것처럼 보인다. 『마누 법전』에는 여성은 남성의 지배하에 두어야 한다는 사상이 깔려 있지만, 신화 속에 등장하는 여성들은 모두 강인하게 자신의 신념을 관철한다. 이로 인해 나중에 힘든 상황이 닥친다고 해도 운명을 받아들이고 자신의 발로 걸어 나간다. 그 모습이 무척 고귀해 보인다. 인도에서는 역사적으로도 크샤트리아 여성이 왕으로서 나라를 다스린 예가 있다. 여성관은 시대와 계급과 지역에 따라서 다르지만, 인도 신화에 등장하는 강인한 여성들의 모습이 현대에도 여전히 살아 숨 쉬는 듯하다.

다마얀티의 신랑감 고르기 의식 장면. 날라 왕에게 다가가서 화환을 걸려 하는 다마얀티.

하고 있었으나, 당당한 아름다움을 풍겼기 때문이다. 왕비는 다마
얀티의 사정을 알고는 도박에 미친 남편한테 버림받은 가여운 여
자라며 동정하였고, 곁에 두고 말벗으로 삼기로 하였다.

하지만 날라 왕의 왕비라는 사실은 알지 못하였다.

한편, 다마얀티의 아버지, 비달바국의 왕은 딸이 날라와 함께 나
라에서 추방되었다는 소식을 듣고 줄곧 딸을 찾고 있었다. 체디국
에서 다마얀티를 꼭 빼닮은 미인을 보았다는 브라만의 말을 듣고
그녀를 찾아낸 왕은 다마얀티를 본국으로 데리고 돌아갔다. 나고
자란 본국으로 돌아온 다마얀티는 남편 날라 왕을 찾으라고 브라
만들에게 명하였다.

날라 왕은 칼리에게 빙의된 채 사방팔방을 배회하고 있었다. 아
내를 무시무시한 숲에 혼자 두고 온 것을 후회하면서도 정상적인
판단을 하지 못하였다.

어느 날 날라 왕은 칼코타카라는 나가라자(용왕)의 목숨을 구해
준다. 칼코타카는 보답으로 날라 왕을 깨물어 그에게 빙의된 칼리
에게 고통을 주고자 독을 주입하였고, 이로 인해 날라 왕의 모습은
추한 난쟁이로 변해버렸다. 날라 왕은 외모가 아름다워 지나치게
눈에 띄었기 때문에 방랑하는 동안 정체가 발각되지 않도록 하기
위함이었다.

그 후 날라 왕은 아요댜국의 왕 밑에서 마부로서 실력을 인정받
아 일하게 되었다.

날라 왕을 찾던 체디국의 브라만 중의 한 사람이 사랑하는 사람

을 버려두고 왔다는 슬픈 노래를 읊조리는 마부를 보고 수상하게 여기며 주시하였고, 다마얀티에게 보고하였다.

다마얀티는 한 번 더 신랑감 고르기 의식을 거행한다는 소문을 퍼트리고 아요댜 왕가 사람들을 초대하기로 계획하였다. 날라 왕은 마부로서 신랑감 고르기 의식에 출석하는 아요댜왕과 함께 다마얀티가 있는 비달바국으로 향하였다.

비달바국으로 향하는 도중에 드디어 마왕 칼리가 용왕 칼코타카의 독에 침식되어 날라 왕의 몸에서 빠져나갔다. 날라 왕은 비달바국에 도착하여 다마얀티와 재회하고, 신랑감 고르기 의식이 거짓임을 안다. 아요댜 왕과 다마얀티의 아버지는 진실을 알고, 날라 왕과 다마얀티를 진심으로 축복하였다.

날라 왕은 다마얀티와 함께 자신의 나라로 돌아갔고, 남동생과 함께 한 번 더 주사위 승부를 해서 보란 듯이 승리를 거두고 모든 것을 되찾았다. 날라 왕은 아요댜 왕에게 말을 다루는 기술을 가르쳐주는 대신에 도박에서 승리하는 법을 배웠다. 마신 칼리가 없는 지금, 날라 왕에게 대적할 수 있는 사람은 없었다.

나라를 되찾은 날라 왕과 다마얀티는 행복하게 살았다.

천녀 우르바시 비화

인간 남자,
천녀를 사랑하다!

**주요 인물
우르바시**

성선 나라야나가 명상하고 있었을 때의 일이다. 나라야나의 힘
이 세지는 것을 원치 않은 인드라는 수행을 방해하기 위해 아름다
운 아프사라스들을 보냈다. 하지만 나라야나는 그녀들보다 훨씬
아름다운 우르바시라는 아프사라스를 넓적다리에서 만들어냈다.
눈부시게 아름다운 우르바시를 보고 아프사라스들이 스스로 부끄
러워져 인드라에게로 돌아갔을 정도였다.

어느 날 지상에 내려온 우르바시의 타의 추종을 불허하는 아름
다움을 본 푸루라바스 왕은 그녀를 열렬하게 사랑하게 되었다. 하
지만 아프사라스는 천계에 사는 존재이고, 인간하고는 종족이 다
르다. 게다가 아프사라스의 남편이 될 자는 등에 날개가 있는 간
다르바 일족으로 정해져 있다.

아프사라스는 푸루라바스에게 결혼 조건으로 "하루에 세 번은
나를 대나무 막대기(남근)로 찍을 것. 내가 원하지 않을 때는 다가
오지 않을 것. 당신의 알몸을 절대로 보이지 않을 것"의 세 가지를
내걸었고, 푸루라바스는 약속하였다. 맹세를 지킨 푸루라바스는
우르바시와 행복하게 살았다.

**인도 신화
토막 지식**
푸루라바스 왕은 월신의 자손이며, 크샤트리아 달 종족의 시조이다. 크리슈나와
아르주나의 선조에 해당한다. 천계에서 아르주나가 우르바시의 유혹을 거절하는
것은 그녀가 먼 선조에 해당하기 때문이다.

하지만 푸르라바스가 마음에 들지 않은 간다르바들이 두 사람을 갈라놓으려고 꾀를 내었다. 어느 날 간다르바들이 우르바시가 소중히 키우던 양을 빼앗아갔다. 우르바시가 크게 소리를 질렀기 때문에 놀란 푸르라바스는 알몸인 채로 그녀의 방으로 뛰어왔다. 간다르바들이 이때 그의 알몸에 번개 빛을 쏘아서 우르바시는 남편의 벗은 몸을 보고 만다. 함정에 빠져서 벌어진 일이지만, 우르바시는 맹세를 깬 푸르라바스의 곁을 떠났다.

모습을 감추기 전에 우르바시는 임신을 한 상태였다. 사랑하는 여자를 찾기 위해 푸르라바스는 전 세계를 뒤졌다. 그리고 드디어 물새로 변신한 아프사라스들 속에서 사랑하는 여인을 발견하였다. 푸루라바스는 도저히 함께 있을 수 없는 것이냐며 우르바시에게 애원하였다. 필사적인 남편의 모습을 보고 그녀는 "일 년에 단 하루만 함께 있도록 해요"라며 양보하였다.

두 사람은 5년 동안 다섯 명의 아이를 점지받았다. 한결같은 푸루라바스의 모습을 보고 동정심을 느낀 간다르바들이 소원을 한 가지 들어주겠다고 제안하였다. 푸루라바스는 우르바시를 위해 자신도 간다르바가 되고 싶다고 말한다. 의식을 행하여 인간에서 간다르바로 변한 푸루라바스는 우르바시와 오래도록 행복하게 살았다.

갠지스강 하강 사건

격류를 머리로
받아낸 시바

주요 인물
시바

먼 옛날에 사가라 왕의 아들들이 아슈바메다 때 사라진 말을 찾으러 지하 세계까지 내려간 적이 있다. 말은 찾았지만, 말 옆에 있던 성선 카필라가 말을 훔쳐 갔다고 여긴 왕자들은 성선을 공격하려 하였다. 예의를 모르는 왕자들에게 화가 난 성선은 제3의 눈으로 빛을 뿜어 그들을 재로 만들어버렸다.

그로부터 한참 시간이 흘렀고, 왕자들의 영혼을 위로하고 싶던 사가라 왕의 자손 바기라타는 천계에 있는 갠지스강을 지상으로 내려 그 물로 선조의 영혼을 정화하고 싶다고 생각하였다. 하지만 갠지스강의 강물이 지상으로 떨어지면 물의 흐름이 거세서 대지가 파괴되고 만다. 바기라타는 고행하여 시바를 소환하였고, 갠지스강의 흐름을 받아달라고 요청하였다. 바기라타가 고행하는 모습을 보고 만족한 시바는 그의 소원을 들어주기로 한다. 시바의 머리카락을 타고 내린 갠지스강은 대지를 촉촉하게 적셨고, 지하 세계까지 흘러들어 사가라 왕의 아들들의 시체가 타고 남은 재를 정화시켰다. 시바의 머리에 강가가 사는 것은 이러한 연유 때문이다.

인도 신화 토막 지식 고대 인도에는 위대한 국왕이 행하는 아슈바메다(말을 공양하는 희생제)라는 의식이 있었다. 일 년간 말을 풀어놓은 다음, 말이 돌아다닌 만큼을 자국의 영토로 취하였다. 의식 중에 말이 사라지면 왕의 권위가 추락한 것으로 간주하였다.

갠지스강 하강 사건을 둘러싼 인간관계도

성선 카필라

사가라 왕

습격

살해

아들들

고행하여 소환

자손

바기라타

협력

선조의 재를 정화하는 데 성공!

시바

시바의 머리 위에 있는 강가 여신. 이와 같이 그리는 것은 시바가 갠지스강을 머리로 받아냈기 때문이다.

천계에서 흘러내린 강가 여신과 갠지스강의 격류를 머리로 받아내는 시바.

**주요 인물
시바**

시바링가 사건

이 세상에서 누가
가장 위대한가?!

비슈누가 원초의 바다에서 자고 있을 때 브라마가 태어났다. 브라마는 자신보다 먼저 존재한 비슈누를 보고 깜짝 놀랐다. 또 비슈누도 브라마의 추궁에 분개하여 누가 세계의 창조주인지를 둘러싸고 싸우기 시작하였다.

한창 격렬하게 말다툼을 벌이는데, 갑자기 눈앞에 번쩍이는 거대한 기둥이 나타났다. 하늘까지 치솟은 훌륭한 그 기둥이 어디까지 뻗어있는지 알 수 없었다. "이 기둥의 끝을 먼저 발견하는 자를 창조주로 인정해주자"라며 두 사람은 내기를 하였다.

브라마는 새로 변신하여 날아올랐고, 비슈누는 멧돼지로 변신하여 물속으로 잠수하였다. 하지만 아무리 나아가도 끝에 도달할 수 없었다. 둘이 자신들보다 대단한 자가 있음을 인정하자 기둥에서 불꽃이 솟아올랐고 그 안에서 시바가 나타났다. 기둥은 시바링가 그 자체였던 것이다. 시바는 자신한테서 비슈누와 브라마가 태어났다고 알려주었다. 둘은 진정한 창조주가 누구인지를 알고, 시바의 위대함을 칭송하였다.

 이 이야기는 시바링가가 우주를 능가하는 위대한 존재임을 설명한다. 참고로 시바링가 중에는 시바의 얼굴이 조각되어 있는 것도 있는데, 보는 사람을 압도한다.

시바링가 사건을 표현한 예술 작품 ─────────────────

시바를 숭배하는 비슈누와 브라마.

시바링가에서 나타난 시바의 모습이 사원에서 종종 관찰된다(12세기).

시바의 마신 퇴치

마신 3형제를 도시와 함께 섬멸해버리다!

**주요 인물
시바**

　어느 날 마신 3형제가 고행하며 "불사가 되고 싶습니다"고 브라마에게 기도하였다. 그들의 힘이 너무나도 강하였기 때문에 브라마는 이를 한 차례 거절하였지만, "우리가 세 개의 도시에 살며 세계를 지배하게 해주십시오"라는 소원은 들어주었다. 3형제는 기뻐하며 위대한 건축가인 마신 마야에게 세 개의 근사한 도시를 만들어 달라고 의뢰하였다. 금의 도시는 천계에, 은의 도시는 허공에, 철의 도시는 지상에 건설하고, 셋이 통치하였다.

　천 년이 지나자 3형제는 점차로 거만해졌고, 신들을 거역하게 되었다. 인드라가 3형제를 토벌하려 하였지만 대적이 되지 않았다. 시바는 신들에게 힘을 나누어 달라고 간청하였다. 신들은 자신의 힘을 절반씩 시바에게 나누어 주었고, 시바는 최강의 힘을 가진 위대한 신(마하데바)이 되었다.

　시바는 전차를 타고 활을 들고 토벌하러 나섰다. 시바가 접근하자 세 개의 도시가 하나로 합체되었다. 시바는 도시를 화살 하나로 꿰뚫어 마신들과 함께 모조리 불태워버렸다.

　세 도시를 파괴하는 시바 이야기는 인기가 많아서 사원 조각에도 많이 남아 있다. 이때 사용한 시바의 활은 메루산(수미산)이라는 설도 있고, 비슈바카르만이 만든 활이라는 설도 있다.

토벌

소원을
들어주다

시바

브라마

마신 3형제

지배

마하데바가
되어서
세 도시를 격파!

금의 도시   은의 도시   철의 도시

세 도시(트리푸라)를 파괴하기 전에 신들에게 조언을 구하고 있는 시바의 모습.

크리슈나 강탈 사건

**주요 인물
크리슈나**

사람이든 신이든
마지막에는
사랑이 이긴다!

비달바국의 왕에게는 룩미니라는 무척 아름답고 현명한 공주가 있었다. 룩미니는 야다바족의 왕인 크리슈나의 소문을 듣고, 이런 남성하고 결혼하고 싶다고 생각하였다. 마찬가지로 크리슈나도 룩미니 공주의 소문을 듣고 연심을 품었다. 하지만 룩미니의 오빠 룩미는 크리슈나를 몹시 싫어하였기 때문에 여동생을 자신의 친구인 체디국의 시슈팔라 왕에게 주려고 은밀하게 준비하였다.

오빠가 결혼식 준비를 한다는 사실을 안 룩미니는 한 가닥 희망을 걸고 "부디 절 납치하여주십시오"라고 크리슈나에게 편지를 보냈다. 편지를 읽은 크리슈나는 즉시 마차에 몸을 실었고, 그날 밤으로 비달바국에 도착하여 룩미니를 납치하였다.

룩미는 격노하며 군대를 출동시켜 두 사람을 쫓게 하였지만, 크리슈나에게 역습을 당한 군대는 두 사람을 쫓는 것을 그만두었다.

본국으로 돌아간 크리슈나와 룩미니는 사람들의 축복 속에서 성대한 결혼식을 올렸다.

**인도 신화
의문과 고찰**

『마누 법전』에는 여덟 개의 결혼 형식이 적혀 있다. 신분에 따라서 바람직한 결혼 형식이 다른데, 크사트리아의 경우에는 당사자 두 사람만 서로 사랑하면 결혼해도 되는 '간다르바혼'이 인정된다.

사랑 넘치는 크리슈나와 『기타고빈다』

크리슈나의 아내(왕비)는 룩미니지만, 왕이 되기 전, 목동 시절에는 라다라는 아름다운 연인이 있었다. 라다는 유부녀지만 크리슈나에게 반하였고, 두 사람은 서로 사랑하였다. 12세기의 유명한 연애 서사시 『기타고빈다(목동의 노래)』는 회화와 음악, 무용 등 인도 문화에 큰 영향을 끼쳤다. 이 이야기는 '연인을 사랑하듯이 신을 사랑하면 구원받을 수 있다'고 해석되었고, 크리슈나 신앙의 경전이 되었다.

크리슈나는 미남이었고, 피리를 잘 불었으며, 여성에게 인기가 많았다. 라다는 질투가 나서 너무 힘들다고 여자 친구들에게 고민 상담을 한다. 한편, 크리슈나는 라다가 자신을 차갑게 대한다고 느꼈고, 그녀에게 점점 집착하는 자신 때문에 고민하였다. 비밀스러운 사랑, 침소에 숨어드는 크리슈나, 두 사람의 대화 등이 무척 관능적인 작품이다.

크리슈나와 라다는 오늘날에도 이상적인 연인으로 꼽힐 뿐 아니라 인도 영화에서도 자주 애용되는 모티브이다. 주인공이 옆으로 된 피리를 부는 동작을 하면 사랑에 빠진 크리슈나를 표현하는 것이다.

서로 사랑하는 크리슈나와 라다.

신들을 사랑의 포로로 만든 절세 미녀, 우르바시

우르바시가 어찌나 아름답던지 신들도 넋을 잃었다고 한다. 어느 날 사법신 바루나의 구애를 받은 우르바시는 자신은 이미 계약신 미트라의 연인이라며 육체관계를 거절하였다. 그렇다면 항아리 안에 정액을 떨어트리는 것은 괜찮지 않느냐며 바루나는 우르바시를 바라보며 혼자서 만족해버렸는데, 그 항아리에는 이미 미트라의 정액이 들어 있었다. 그 항아리에서 성선 바시슈타가 태어났다. 우르바시는 다른 남자에게 마음을 허락하였다며 질투심을 불태우는 미트라에게 저주받고 천계에서 쫓겨난다. 그 후 지상에서 만난 자가 푸루라바스 왕이다.

또 성선 비반다카는 목욕하는 우르바시를 보고 물속에 정액을 흘린다. 그 후 그곳을 지나던 사슴이 그 물을 마시고 임신하여 낳은 아이가 사슴뿔을 지닌 리샤슈링가라는 이름의 성선이다. 이 이야기는 불교에도 수용되어 『일각선인 이야기』의 모티브가 된다.

천계로 돌아가려는 우르바시와 만류하는 푸루라바스 왕.

186

제4장
인도 신화의
문화

인도 신화에 등장하는
문자와 주술, 아이템, 동물들

산스크리트

인도 신화 경전을 기록하는 성스러운 언어

🐾 인도 고대어, 산스크리트

산스크리트는 인도의 고대어이다. 아리아인의 언어이던 베다어를 바탕으로 기원전 4세기경에 파니니가 문법을 정리하였다. 산스크리트는 '완성된 언어'라는 뜻이며, 고대 베다뿐 아니라 힌두교의 유명한 경전 대부분이 산스크리트로 적혀 있다.

현재 산스크리트는 데바나가리 문자라는 북인도에서 일반적으로 쓰는 문자를 이용해서 쓴다.

데바나가리 문자가 등장한 것은 8세기 이후이며, 10세기 이후부터 널리 쓰였다. 그때까지는 브라흐미 문자에서 파생된 다양한 문자로 산스크리트를 썼다.

일본에서는 산스크리트라고 하면 경전과 졸탑파에 쓰이는 글자나 밀교 진언에 사용되는 '범자'를 떠올린다. 붓으로 쓰인 이러한 글자들은 실담 문자라고 하는데, 불경과 함께 중국을 거쳐서 일본으로 들어온 옛 문자이다. 데바나가리 문자의 친척쯤에 해당하는 오래된 문자이다.

산스크리트는 옛날부터 타밀 문자, 벵골 문자, 텔루구 문자 등 인도 각 지역의 문자로 표기되었다. 또 힌두교 경전이 산스크리트

 산스크리트는 인도 공용어 중의 하나지만, 회화용 언어로 사용하는 사람은 거의 없다. 하지만 산스크리트를 아는 것이 일종의 사회적 지위이기 때문에 교양으로서 익히고 있는 사람은 많다.

일본어와 산스크리트의 소박한 관계

일본에는 불경을 통해 산스크리트가 많이 유입되었다. 평소에 별생각 없이 쓰는 말도 어쩌면 산스크리트가 어원일 수 있다.

일본어		어원이 된 산스크리트
기와	(瓦[kawara])	카팔라(접시). 칼리가 들고 있는 피가 든 접시를 카팔라라고 한다.
졸탑파	(卒塔婆[sotoba])	스투파(탑). 부처의 사리를 모셔두는 불탑을 스투파라고 부른다.
나락	(奈落[naraku])	나라카(지옥). 크리슈나가 무찌른 마신 나라카.
남편・주인	(檀那[danna])	다나(산물, 보시).
사리	(舍利[shari])	샤리나(신체). 부처의 사리=부처의 뼈.
삼매	(三昧[zammai])	사마디. 명상을 통해 마음이 깊이 안정된 상태.

로 적혀 있기도 해서 인도 전역에서 산스크리트를 기원으로 하는 수많은 언어가 생겨났다.

산스크리트 문법은 무척 복잡하지만, 어학에 관심이 있는 사람은 공부해보는 것도 재미있을 것이다.

만트라
신이 내려준 신성한 기도의 언어

🖐 경전에 나오는 신을 찬양하는 '진언'

만트라는 경전에 나오는 기도 말이다. 동양에서는 흔히 '진언'으로 번역한다고 설명하면 대충 감이 올 것이다. 사람들은 베다를 신이 내려준 성스러운 말(운율)이라고 생각한다. 운(韻)과 발음에 힘이 깃들어 있기 때문에 스승한테 올바른 발음을 배워야 하며, 구승전승으로 대대로 이어져 내려왔다.

만트라는 그 자체에 신비한 힘이 있으며, 독립된 인격을 지닌 신이라고 믿었다. 신의 에너지가 구현화된 것이기 때문에 조심해서 다루어야 한다. 만트라는 신을 칭송하는 것, 자신의 소원이 이루어지게 해달라고 하는 것 등 다양한 종류가 있는데, 개중에는 입 밖으로 꺼내서는 안 되는 금단의 만트라도 있다. 하지만 오늘날에는 누구나 베다를 읽을 수 있고, 인터넷 검색을 통해 동영상 사이트에서 다양한 만트라를 누구나 쉽게 들을 수 있다.

만트라 중에서 가장 유명한 것은 '옴(ॐ)'이라는 성스러운 음이다. 이는 AUM의 세 개의 음으로 이루어졌으며, 이 세상의 시작부터 끝까지를 모두 나타내는 운(韻)이다. 기도의 앞뒤에 온다. 세 개의 음은 『리그베다』, 『사마베다』, 『야주르베다』의 3대 베다를 나타

인도 신화 의문관 고찰 만트라는 진언이다. 불교 진언 '옴(唵)'이 '옴(ॐ)'이다. 또 만트라에서 자주 등장하는 '나마(하)'를 불교 경전에서는 '나무(南無)'라고 번역한다.

만트라를 표현한 예술 작품

가야트리 여신 아래 죄를 정화해주는 가
야트리 만트라가 적혀 있다.

시바링가에 기도하는 가네샤. 머리 위
에 적혀 있는 것은 시바 만트라이다.

낸다고도 하고, 우주 최고 원리인 브라만을 나타낸다고도 하고, 브
라마, 비슈누, 시바의 삼위일체를 나타낸다고도 한다.

　여기에서 몇 가지 유명한 만트라를 소개하고자 한다. 하지만 책
을 통해 전파된 만트라와, 바른 운과 발음으로 외지 않는 만트라는
효과가 없다고 한다. 가벼운 마음가짐으로 외워본들 효험이 없을
지도 모르지만, 신에게 경의를 표하는 마음으로 다음 페이지에 정
리해보았다.

⦿유명한 다섯 가지 만트라

시바 만트라

행복과 힘을 주는 최강의 진언이며 시바를 신앙하는 사람들이 주로 왼다. '옴 나마 시바야'라는 진언 속에는 '나=대지, 마=물, 시=불, 바=바람, 야=공기', 즉 세계를 구성하는 다섯 가지 요소가 포함되어 있다. 보리수나무 열매 루드락샤로 만들어진 염주를 돌리며 108번 읊는다.

산스크리트

ॐ नम : शिवाय

발음

oṃ namaḥ Śivāya 옴 나마(하) 시바야
나는 위대하며 자비심 깊은 시바를 찬양합니다.

의미

가네샤 만트라

부와 지혜를 주는 가네샤에게 기도할 때 왼다. 가네샤는 상업 번창의 신이자 학문의 신이다.

산스크리트

ॐ गम गणपतये नम:

발음

Oṃ gama ganapataye namaḥ 옴 가마 가나파타예 나마(하)

의미

나는 재액을 막아주고 지혜를 주는 신, 가네샤에게 귀의합니다.

가야트리 만트라

『리그베다』의 한 구절이며, 베다 중에서도 가장 존귀한 운율을 포함하는 만트라로 유명하다. 본래는 태양신 사비트리를 향한 찬가인데, 이 존귀한 구절 자체가 가야트리 여신으로 신격화되었다. 가야트리는 사라스바티와 동일시되는 얼굴이 네 개인 여신이다. 가야트리 만트라를 3000번 외면 어떤 죄를 범하였든 한 달 내에 그 죄에서 해방된다고 한다. 또 이 만트라는 입 밖으로 내지 않고 마음속으로 암송해야 한다.

산스크리트

ॐ भूर्भुव: स्व: तत्सवितुर्वरेण्यम् भर्गो देवस्य धीमहि धियो यो न: प्रचोदयात् ॥

발음

oṃ bhūr bhuvaḥ svaḥ tatsavitur vareṇyaṃ /
bhargo devasya dhīmahi dhiyo yo naḥ prachodayāt //
옴 부르 부바하 스바하 타트사비투르 바레냠
바르고 데바샤 디마히 디오 요 나하 프라초댜트

의미

우리는 바라옵건대, 사비트리의 놀라운 광명을 누릴 수 있기를.
그가 우리의 시상(詩想)을 성장시켜주기를.

락슈미 만트라

부와 미의 여신 락슈미에 대한 찬가이다. 슈리란 길상을 뜻하는데, 락슈미를 표현하는 말이기도 하다.

산스크리트

ॐ श्री महालक्ष्म्यै नमः

발음

Oṃ śrī mahālakśmyai namaḥ
옴 슈리 마하락슈마이 나마(하).

의미

행운을 주는 위대한 여신 락슈미에게 귀의합니다.

샨티 만트라

샨티 만트라는 기도 마지막을 '옴 샨티 샨티 샨티'로 끝내는 만트라인데, 그 수가 무척 많다. 여기에서 소개할 샨티 만트라는 특히 유명한 '아사토마 만트라'이다. 브리하다라냐카 우파니샤드의 한 구절이다. 영화 『매트릭스 레볼루션』에서 사용된 것으로도 유명하다. 샨티 샨티 샨티라고 세 번 외는 것은, 첫 번째는 자기 자신, 두 번째는 상대와 주변 환경, 세 번째는 세계의 평화를 빌기 위함이다.

산스크리트

ॐ असतो मा सद्गमय । तमसो मा ज्योतिर्गमय ।
मृत्योर्मास्मृतं गमय ॥ ॐ शान्तिः शान्तिः शान्तिः ॥

발음

Oṃ asato mā Sadgamaya /
tamaso mā jyotir gamaya /
mṛtyor mā 'mṛtaṃ gamaya //
Oṃ śāntiḥ śāntiḥ śāntiḥ //
옴 아사토 마 사드가마야
타마소 마 죠티르 가마야
므리툐르 마 암리탐 가마야
옴 샨티 샨티 샨티

의미

허무의 세계에서 진실로, 암흑에서 광명으로, 죽음에서 불멸로. 신이시여, 저를 이끌어주십시오. 나의 마음에 평안이 깃들길, 주변 사람들에게 행복이 찾아오길, 세계가 평화롭길.

얀트라 신을 본뜬 신성한 도형

신을 나타내는 각양각색의 도형

힌두교에서는 신을 사람 모습의 조각이나 그림으로 표현할 뿐 아니라 도형이나 기호로 나타내기도 한다. '얀트라'라고 불리는 삼각형 등의 도형을 조합한 도상을 신 그 자체로서 숭배한다. 시바 링가처럼 사람의 모습이 아닌 돌을 시바로 신앙하는 것과 마찬가지로 기호와 도형에도 신이 깃들어 있다고 생각한다. 얀트라에는 '보조', '조력'이라는 뜻이 있어서 수행하거나 명상할 때 보조용품으로 사용한다.

얀트라는 점, 삼각형, 원, 꽃잎 등의 조합으로 그리는 경우가 많으며, 신마다 형태가 다양하다. 두 개의 삼각형이 합해진 육망성은 이 세계를 구현화하고, 오망성은 세계의 구성 요소인 '땅, 물, 불, 바람, 허공'을 나타낸다. 신과의 합일을 바라는 수행자들은 얀트라를 앞에 두고 만트라(기도의 말)를 외며 명상한다.

얀트라에는 시바, 가네샤, 칼리, 크리슈나 등 각각의 신을 상징하는 도형이 있다. 얀트라에는 신의 힘이 깃들어 있다고 믿어서 부적으로도 인기가 많다. 무병 무탈, 상업 번창 등의 현세이익을 바라며 소지하는 사람이 많다.

얀트라 중에서 가장 유명한 것은 슈리 얀트라이다. 중심점에서

 고대 인도 언어는 경전을 기술할 때 쓰는 아어(雅語)인 산스크리트와 일반적으로 사용되는 프라크리트의 두 종류로 나뉜다. 아쇼카 왕의 비문은 프라크리트로 적혀 있다.

슈리 얀트라   칼리 얀트라

부터 방사형으로 퍼져나가는 원과 삼각형으로 아홉 개의 층이 표현되어 있다. 위를 향한 삼각형은 남성 원리(시바)를, 아래를 향한 삼각형은 여성 원리(샥티)를 표상하며, 이 도형으로 남성 원리와 여성 원리의 융합, 즉 우주를 나타내고 있다. 시바링가가 시바를 상징하는 반면, 슈리 얀트라는 여신의 힘, 샥티를 상징한다.

또 칼리 얀트라는 칼리의 상징인 검은 색으로 그린다. 중심에 있는 다섯 개의 역삼각형은 여성 원리를 나타낸다.

마법 아이템과 동물
인도 신화에 등장하는 신들의 보물

🐾 인도 신화에 나오는 신들의 장식품, 무기, 동물

　인도 신화에는 마법 아이템과 무기, 동물들이 다수 등장한다. 154페이지의 우유 바다 휘젓기 이야기에서는 바다에서 암리타를 비롯한 다양한 아이템이 생겨난다.

　또 신들은 저마다 잘 다루는 무기를 들고 마신과 싸우고, 서사시의 영웅들은 신한테서 받은 무기를 사용해서 적과 싸운다. 예를 들어 『마하바라타』에 등장하는 나라야나스트라에는 투지와 무기를 지닌 자만 노려 공격하는 힘이 있고, 카르나는 인드라한테서 받은 창인데 최강의 거인 가토차카를 일격에 쓰러트린다.

　다음 페이지에서 인도 신화에 등장하는 신들의 소유물과 힌두교에서 중요하게 여기는 아이템과 동물들을 소개한다.

 '~스트라'(아스트라, astra)는 활처럼 사용하는 무기이다. 브라마스트라는 브라마의 무기이다. 참고로 브라마의 무기는 다른 신의 이름이 붙은 무기보다 강력하다.

행복을 부르는 신성한 꽃

연꽃

종류 : 식물
소유자 : 락슈미 등

진흙 속에서 아름다운 꽃을 피우는 연꽃은 길상의 상징이며, 청정하고 성스러운 꽃으로 고대부터 귀하게 여겨졌다. 연꽃을 파드마(파드메)라고 하는데, 파드미니(파드마바티) 왕비는 아름다운 여성의 대명사이기도 하다. 브라마는 연꽃에서 태어났으며, 락슈미는 양손에 연꽃을 들고 있다.

신들을 화려하게 장식하는 생화

화환

종류 : 식물
소유자 : 여러 신들

신들은 생화로 만들어진 화환을 목에 걸고 있다. 힌두교에서는 제사 때 신들에게 생화를 공양한다. 노란 마리골드, 흰색 재스민, 붉은 장미 등을 특히 선호하고, 꽃시장은 언제나 사람들로 북적인다. 인도에서는 향유가 왕성하게 생산되어서 시장에 향유와 향수를 파는 가게가 많다.

태양 빛을 상징하는 행운 마크

卐 (스바스티카)

종류 : 문양
소유자 : ―

만자(卐)는 유라시아 대륙에서 일반적으로 사용되는 길상 문양이다. 태양과 불꽃을 상징한다. 우만자(卐)는 남성 원리를 상징하고, 좌만자(卍)는 여성 원리를 상징한다. 종종 스바스티카와 함께 문에 그리는 행운의 인장 '슈바 라바'는 가네샤의 두 아들을 상징한다.

शुभ लाभ Śubha Lābha(Śubha=길상 · 행운 / Lābha=부)

슈리바트사

종류 : 문양
소유자 : 비슈누

만자(卍)를 여러 개 겹쳐서 영원을 표현한 길상 문양 '슈리바트사'는 슈리(락슈미)와 비슈누의 마크이다. 여성들이 행운을 빌며 현관 앞이나 지면에 그리는 콜람이라는 그림 문양으로 애용된다.

성재(聖灰, 비부티)

종류 : 재
소유자 : 시바

소의 배설물과 나뭇조각을 고온에서 태우면 나오는 성스러운 재를 제사 때 사용한다. 순백색이며 냄새는 나지 않는다. 시바파의 수행자는 이마에 성재로 시바를 상징하는 세 개의 선을 그리고, 몸에 성재를 바른다. 전사는 싸우기 전에 몸에 성재를 바르며 현세에 이별을 고한다. 소는 성스러운 동물이자 시바의 종자이다. 소똥에는 락슈미가 살기 때문에 청정하다고 한다.

노란색 가루(터메릭)

종류 : 가루
소유자 : ―

인도에서는 노란색을 신성한 색으로 여긴다. 노란색은 태양 빛과 황금을 연상시키기 때문에 행운을 불러들인다고 믿는다. 그래서 노란색인 터메릭과 사프란을 귀히 여긴다. 터메릭 가루는 음식에 넣을 뿐 아니라 신상에 바르기도 하고, 미용을 위해서 몸에 바르기도 한다. 미혼 여성은 터메릭 팩으로 피부를 윤기 있게 관리한다.

붉은 가루 (쿰쿠마)

종류 : 가루
수유자 ; ㅡ

신에게 기도할 때나 축제 때는 이마에 붉은 인장(틸라카)을 찍어 축복한다. 이마는 차크라가 있는 신성한 부위이다. 붉은 가루는 쿰쿠마(쿰쿰)라고 부르는데, 터메릭을 알칼리를 이용하여 변화시킨 것이다. 터메릭과 마찬가지로 신상에도 바른다. 색깔 있는 가루를 신성하게 생각해서, 현재는 터메릭뿐 아니라 다양한 소재로 다양한 컬러 가루를 제조한다. 봄을 환영하는 홀리 축제 때는 신분과 지위를 막론하고 여러 가지 색깔의 가루와 물을 서로에게 뿌린다.

시바링가

종류 : 신상
소유자 : 시바

링가란 남성기라는 뜻이다. 시바링가는 시바 그 자체로서 신앙된다. 천장에 매단 물병에서 물방울이 똑똑 떨어지는 것도 있고, 나가가 휘감고 있는 것도 있다. 브라마의 우주 알처럼 계란 모양 링가를 부적으로 가지고 다니는 사람도 있다. 의식 때는 우유과 기, 물, 터메릭, 생화를 올린다. 기둥은 시바, 받침 접시는 비슈누, 받침대는 브라마를 나타내며, 전체로서 삼위일체를 상징한다는 설이 있다. 하지만 받침 접시는 여성기(요니)이며, 성교 시의 상태를 자궁 내부에서 본 모양이라는 설이 가장 일반적이다.

활과 화살

종류 : 활과 화살
소유자 : 시바 등

활은 고대부터 무기로서 중시하였으며, 특히 신성한 무기로 여겼다. 신들은 다양한 활을 가지고 있고, 서사시에 나오는 영웅들에게 주기도 한다. 무기들은 하나같이 범접할 수 없는 강력한 힘을 가지고 있다. 인간 따위가 쓸 수 있는 물건이 아니지만, 신의 무기를 사용하는 자들은 신성을 갖고 있기 때문에 아무런 문제없이 사용한다.

그중에서 몇 가지를 아래에 소개하겠다.

아그네야스트라

아그니의 무기(화살)라는 뜻이다. 『마하바라타』에 등장하는 야슈와타마가 사용한다. 화염으로 주위를 모조리 불태워버린다.

브라마스트라

브라마의 무기(화살). 무척 강력한 활이며, 라마가 사용한다.

브라마시라스트라

브라마스트라보다 강력하다. 아르주나와 야슈와타마, 인드라지트가 가지고 있다.

파슈파타스트라

시바의 화살. 아르주나가 시바한테서 받은 것이다. 브라마의 무기보다 강력하며, 우주를 멸망시킬 만큼의 힘이 깃들어 있다. 파괴신의 최강의 무기이다.

피나카

시바의 활. 『라마야나』에서 시바가 세 도시와 마신을 정벌할 때 사용하였다. 라마가 부러트린다.

간디바

브라마의 활. 『마하바라타』에서 아르주나가 사용한다. 아그니의 부탁을 받고 칸다바 숲을 태웠을 때 아그니한테서 받았다.

샤랑가

비슈누의 활. 크리슈나와 라마가 사용한다.

화살이 끝없이 나오는 화살통

아르주나와 라마가 가지고 있다.

 인도 신화 의문과 고찰

『마하바라타』에서 아그네야스트라가 사용될 때의 묘사를 살펴보면 핵전쟁처럼 상당히 참혹하다. 신성을 지닌 영웅들의 전쟁이라고는 하나, 전쟁터에서 신의 무기를 가차 없이 휘둘러서 수없이 많은 사람이 죽는다.

성스러운 소리로 정화하는 나팔

법라(샨카)

종류 : 조개
소유자 : 비슈누 등

법라(샨카)는 신성한 아이템이며, 의식 때 악기로서 사용된다. 법라 소리는 신성한 소리(만트라) 옴(AUM)을 포함하는 특별한 소리라고 한다. 옛날에는 전쟁 신호로서 불기도 하였다. 비슈누가 가지고 있는 법라는 왼쪽으로 말려 있으며 '판차자냐'라고 부른다. 바다에 있는 마신의 몸에서 크리슈나가 뺀 것이다.

모든 것을 절단하는 날카로운 칼날

원반(차크라)

종류 : 차크라
소유자 : 비슈누

차크라는 다르마(법·덕·정의)를 나타내는 성스러운 도형이며, 동시에 윤회를 상징하기도 한다. 차크라라고 불리는 도너츠 모양의 무기는 팔이나 손가락으로 회전시키다가 던져서 칼날로 적을 베는 무기이다. 비슈누는 '수다르샤나 차크라'로 시바의 아내 사티의 시체를 갈가리 찢는다.

크샤트리아를 으깨버린 마신의 도끼

도끼(파라슈)

종류 : 도끼
소유자 : 시바

도끼(파라슈)는 거센 시바의 무기이다. 비슈누의 화신 파라슈라마는 시바한테서 도끼를 받아서 살해당한 아버지의 원수를 갚는다. 두르가가 가진 도끼는 공예와 제작의 신 비슈바카르만이 준 것이다.

삼지창 (트리슐라)

종류 : 창
소유자 : 시바

삼지창(트리슐라)은 시바가 가진 강력한 무기이다. 공예와 제작의 신 비슈바카르만이 만들었다는 설도 있고, 시바가 직접 만들었다는 설도 있다. 3은 신성한 숫자이다. 삼지창의 세 끝은 각각 사트바(순수성), 라자스(격정), 타마스(소극성)의 세 요소를 상징한다.

곤봉 (가다)

종류 : 곤봉
소유자 : 비슈누, 하누만

가다는 둥글고 커다란 쇳덩어리가 달린 곤봉으로 고대부터 사용된 무기이다. 무거워서 균형 잡는 것이 어렵기 때문에 상당한 연습과 훈련이 필요하다. 무기로서는 하누만과 비마가 즐겨 사용한다. 비슈누의 가다는 '카우모다키'라고 부르며, 비슈누의 경이적인 힘을 상징한다.

금강저 (바즈라)

종류 : 번개
소유자 : 인드라

바즈라는 번개 또는 다이아몬드라는 뜻이다. 동양에서는 금강저라는 불교용품으로 알려져 있는데, 인도 신화에서는 인드라를 상징하는 무기이다. 성선 다디치의 뼈로 만들었다는 설이 있다. 인드라는 번개 바즈라를 조종하여 적 브리트라와의 전투에서 승리를 거둔다.

인도 신화 토막, 지쎘

아리아인의 신 중에는 이란과 유럽의 신화와 관련된 신도 많다. 고대의 천신 디아우스는 그리스 신화의 제우스와 성격이 같은 천공신이다. 마신 아수라는 조로아스터교의 주신 아후라 마즈다와 기원이 같다.

인도 신화에 등장하는 동물

신들이 사랑하는 성스러운 존재

인도혹소

종류 : 소
소유자 : 시바 등

인도혹소는 신성한 동물이다. 특히 흰 인도혹소는 시바가 타고 다니는 동물이기도 하고, 목동 시절 크리슈나의 상징이기도 하다. 인더스 문명 시대의 인장에 소가 그려져 있는 것으로 미루어보아 고대부터 소를 귀하게 여겼음을 짐작할 수 있다. 또 우유는 귀중한 단백질원일 뿐 아니라 성스러운 음료이고, 신성한 버터기름(기)을 만드는 원료이기도 하다. 우유 바다 휘젓기 때 탄생한 암소 카마데누(수라비)는 어떤 소원이든지 이루어주고, 암소는 종종 용맹함과 뛰어남을 칭송하는 비유로도 사용된다.

사람이 부리는 가축

물소

종류 : 소
소유자 : 야마

물소는 인도혹소와 달리 신성시하지 않기 때문에 평범하게 가축으로 취급한다. 고기를 먹어도 문제가 되지 않기 때문에 레스토랑에 가면 물소 카레와 스테이크를 먹을 수 있다. 두르가가 쓰러트린 마신은 물소(마히샤)의 모습을 하고 있었다. 또 사자의 나라의 신 야마가 타고 다니는 것 또한 물소이다.

숲에 사는 착한 동물

사슴

종류 : 사슴
소유자 : ―

사슴은 숲에 사는 동물이다. 인도 신화에서는 사슴 사냥을 하는 에피소드가 곧잘 등장한다. 사슴으로 변신해 아내와 정을 통하던 성선을 실수로 활로 쏴 죽인 이야기, 물속에 흘린 정액을 마신 사슴이 낳은 아이가 나중에 커서 성자가 되는 이야기 등이 있다. 사슴은 상냥함을 상징한다.

호랑이·표범·사자

종류 : 육식동물
소유자 : 두르가 등

호랑이와 표범과 사자는 용맹한 육식동물로서 고대부터 외경의 대상이었다. 인도의 지폐에 그려져 있는 사자는 기원전 3세기경에 만들어진 아소카 왕의 돌기둥 조각이다. 호랑이와 사자는 두르가와 파르바티 등 시바의 아내가 타고 다니는 동물이다. 시바는 표범 가죽을 몸에 두르고 호랑이 가죽 위에 앉아 있다. 시바를 죽이려고 온 호랑이를 죽여 가죽을 벗기며 춤을 추었다는 이야기가 있다.

독으로 사람을 죽이는 두려운 존재

뱀

종류 : 뱀
소유자 : 시바

독사 코브라는 오늘날에도 신으로서 숭배된다. 인도에 자생하는 킹코브라는 코끼리를 쓰러트릴 정도의 맹독을 가지고 있다. 시바는 특히 뱀과 거리가 가까운 신이다. 시바의 몸을 휘감고 있는 뱀은 샥티(신성한 힘)의 상징이다. 지하세계 파탈라에 사는 나가들의 왕 나가라자는 인도 신화에서 무척 중요한 위치를 점하고 있다. (→자세한 내용은 144페이지 「나가」를 참고)

부정을 타지 않는 청정한 성조

백조, 함사

종류 : 새
소유자 : 사라스바티 등

하얀 물새인 신성한 새 함사는 백조로 그려지는 경우도 있는데, 본래는 거위라고 한다. 함사는 히말라야에 산다. 사라스바티와 가야트리, 브라마, 비슈바카르만이 타고 다닌다. 흰색은 순수하고 성스러운 색이다. 부정을 정화하는 신성한 물을 상징하는 하얀 새는 숭배의 대상이었을 것이다.

인도 신화 토막 지식

코끼리는 고대부터 나라의 중요한 전력이었다. 국가는 코끼리용 축사와 사료를 위해 예산을 마련하였고, 코끼리의 숫자는 국력과 직결되었다. 코끼리는 아름다움의 상징이기도 하다. 절세 미녀 시타 왕비의 팔뚝은 코끼리 코처럼 아름다웠다고 한다.

공작

종류 : 새
소유자 : 사라스바티 등

아름다운 모습을 하고 맹독을 지닌 코브라를 먹어 치우는 공작은 성스러운 새이며, 다양한 신과 관련되어 있다. 날개를 펼쳤을 때의 모습에서 연유해서 '천 개의 눈을 가진 새'로 불리기도 한다. 뱀을 먹어 치우는 신성한 새 가루다가 떨어트린 깃털에서 태어났다고 한다. 공작은 신격화되어 마유라, 마유리라는 신으로 신앙된다. 사라스바티와 스칸다는 공작을 타고 다니고, 크리슈나와 가네샤의 머리 장식으로 공작 깃털이 사용된다. 또 인도의 국조도 인도 공작이다.

코끼리

종류 : 코끼리
소유자 : 인드라 등

코끼리는 브라마가 세계를 창조하였을 때 가루다가 태어난 후 알껍질에서 태어났다고 한다. 그때 태어난 암수 여덟 마리의 코끼리는 여덟 방위를 지탱하는 방위의 코끼리(딕가자)가 되었다. 제일 먼저 태어난 흰 코끼리 아이라바타는 인드라가 타고 다니는 바하나이다. 또 아이라바타는 우유 바다 휘젓기 때 탄생하였다는 설도 있다. 참고로 옛날에 코끼리는 깃털이 있어서 자유롭게 하늘을 날았다고 한다. 어느 코끼리가 나뭇가지에서 떨어졌는데, 운 나쁘게 아래에 있던 수행자들이 깔려 죽고 만다. 이에 그들의 스승이던 고행자가 분노하여 "코끼리는 깃털을 잃고 지상을 걸어 다녀라!"라고 저주를 건다. 그래서 지금도 코끼리는 깃털이 없다고 한다.

인도 여성의 패션

인도에서도 여성은 옛날부터 예뻐지는 것에 관심이 많았다. 터메릭과 향유와 요거트를 섞은 팩으로 피부를 윤기 있게 관리하였고, 눈의 테두리를 '카잘'이라는 숯으로 검게 칠하였다. 피부색은 흴수록 미인으로 쳤다.

인도 여성은 이마에 '빈디'라는 붉은 인장을 찍는다. 결혼하면 앞가르마를 따라서 이마에서부터 머리 꼭대기까지 붉은색으로 칠한다. 이는 '신두르'라는 기혼자 표시이다. 손가락 끝이나 손바닥을 붉게 물들이는 것도 여성의 몸치장 방식 중의 하나이다. 멘디라는 헤나 타투로 길상 문장을 그려 넣기도 한다. 남편을 잃은 여성은 화장이나 빈디, 신두르를 금한다.

요즘에는 아유르베다 이론으로 만든 고급 화장품도 나온다. 빈디도 붙이는 형태의 스티커를 판매하는데 반짝반짝 빛나는 귀엽고 예쁜 디자인이 많다. 옷도 전통 의상인 사리와 살와르 카미즈를 입는 여성도 있지만, 청바지를 입은 여성도 있다. 기성품 옷 브랜드도 다양해져서 최신 디자인의 옷이 쇼윈도를 장식한다.

 봉제선 없는 한 장짜리 천을 청정하다고 생각하기 때문에, 여성은 사리, 남성은 허리에 두르는 도티를 사원 참배 시의 바람직한 의상으로 본다. 겉에 쿠르타를 입거나, 두파타라는 긴 숄을 두르기도 한다.

종장

현대에도
살아 숨 쉬는
인도 신화

인도 축제, 문화, 종교, 풍습 등

인도 문화와 신들
인도 신화를 모티브로 한 엔터테인먼트

🤚 도처에 있는 인도 신들

옛날에 인도에서 TV 드라마 『라마야나』와 『마하바라타』가 방영된 적이 있다. 사람들은 드라마에 열광하였고, 방영 시간이 되면 TV 앞으로 몰려들어 인도 전역의 업무가 일시적으로 마비되었을 정도였다. 드라마가 시작되기 전에 등불을 밝히고 의식을 행하였고, TV는 꽃으로 장식하고, 음식물을 공양하기도 하였다. 드라마 시청이 종교 행사가 되었을 정도로 서사시 이야기는 사람들에게 특별하였다.

인도를 여행해보면 알 수 있지만, 도시 곳곳에서 신의 조각상과 그림을 볼 수 있다. 일상생활 속에 신이 있는 게 당연하게 느껴진다.

인터넷이 발달한 현대에는 외국과 거리가 가까워졌다. 오늘날은 인도 사람과 SNS로 얼마든지 이야기할 수 있는 시대이고, 다양한 정보도 얻을 수 있다. 인도와 거리가 가까워진 지금이기에 더더욱 문화와 종교를 이해함으로써 새로운 세계의 문을 열 수 있지 않을까 싶다.

 1987년에 TV 드라마 『라마야나』가 방영되자, 방영 시간인 일요일 아침에 거리에서 사람들이 사라졌다. 모두 TV 앞에 가서 앉아 있었기 때문이다. 이듬해에 방영된 『마하바라타』도 대히트를 기록하였다.

☆인도 신화를 모티브로 한 주요 엔터테인먼트

먼저 이것부터 보자!
대히트 영화 『바후발리』 2부작

인도 신화의 모티브가 가득 담긴 인도 영화라고 하면, 일본에서도 2018년에 상영하여 크게 히트 친 『바후발리 2: 더 컨클루전(Baahubali: The Conclusion, 2017)』을 제일 먼저 들 수 있다. 전작 『바후발리: 더 비기닝(Baahubali: The Beginning, 2015)』과 함께 총 2부작으로 제작되었으며, 1부는 인도에서 2015년에 개봉하였고 2부는 2017년에 개봉하였다. 두 작품 모두 인도 역대 흥행 수입 최고 금액을 기록하였다.

이 작품의 주인공은 두 명이다. 마히쉬마티 왕국의 왕자 아마렌드라 바후발리와 그의 아들 시부두(마헨드라 바후발리)이다. 아마렌드라는 군신 인드라처럼 싸우

고 시바처럼 소를 탄다. 작품 속에서는 시부두가 시바링가를 짊어질 때 시바의 만트라(시바 탄다바 스토트라)가 가사인 노래가 뒤에서 흐른다. 왕위를 계승할 줄 알았던 왕자의 추방, 사촌의 음모, 포로가 된 왕비 등 서사시에 익숙한 인도인들의 마음을 울릴 만한 갖가지 설정 때문에 대히트를 칠 수 있었던 게 아닐까.

그 밖의 엔터테인먼트

인도 신화에 등장하는 신은 현대의 게임과 만화, 애니메이션 등에서도 인기가 많으며, 다양한 작품에 등장한다.

종류	타이틀	내용
게임	『여신전생』 시리즈 (개발사 : 아틀러스)	1987년에 발매 시작. 악마가 판치는 현실 세계를 무대로 하는 RPG 시리즈. 크리슈나 등이 등장한다.
	『페이트/그랜드 오더』 (개발사 : TYPE-MOON)	현재 히트 중인 스마트폰 게임. 통칭 'FGO'. 『마하바라타』의 영웅 아르주나와 숙적 카르나, 라마와 시타, 파르바티가 등장한다.
만화	『성전-RG VEDA-』 (CLAMP 작/신쇼칸 출판)	아수라왕, 제석천, 건달바왕 등 등장인물의 이름이 인도 신의 이름이다.
	『3×3 EYES』 (다카다 유조 작/고단샤 출판)	세계관이 인도 신화와 티벳 문화 등에 기반하고 있다. 시바와 파르바티 등이 등장한다.
	『춤추는! 광기의 여고생 칼리』 (가와카미 주오쿠 작/신초샤 출판)	화나면 칼리 여신으로 변신하는 여고생이 나오는 코미디 만화. 가네샤와 시바가 등장한다.

다양한 특색과 색깔이 있는 인도 문화

☆인도의 축제

※지방에 따라서 시기와 내용이 다르다.

축제	시기	내용
홀리	팔구나(2~3월)의 보름달이 뜨는 날	비슈누, 크리슈나, 카마 등에게 제를 지낸다. 오랜 역사를 가지고 있어서 다양한 설이 있다. 마신 히라냐카시푸의 아들이 숙모 홀리카에 의해 온몸이 불타려는 순간에 비슈누가 구해주었다는 설, 시바가 카마를 불태웠다는 설, 크리슈나의 자객 푸타나의 시체 대신 인형을 태웠다는 설 등등. 첫째 날에는 불로 홀리카 인형을 굽다가 밤이 되면 불을 붙인다. 둘째 날에는 알록달록한 색 물과 색 가루를 서로에게 뿌린다.
가네샤 차투르티	바드라파다(8~9월) 4일부터 열흘간	서인도에서 주로 열리며, 특히 마하라슈트라주의 푸네가 유명하다. 거대한 가네샤 상을 수레에 싣고 거리를 행진하고, 마지막 날에는 바다에 떠내려 보낸다.
오남	말라얄람력의 칭감 달(8~9월)	케랄라주에서 열리는 오남 축제날은 비슈누에게 패하여 지하 세계로 쫓겨난 마신 마하발리가 일 년에 한 번 지상으로 돌아와 민중들을 만나는 날이다. 지금도 케랄라주에서는 많은 사람이 마하발리를 신봉한다.
두세라	아슈빈(9~10월) 1일부터 달이 점점 커지는 동안 열흘간	처음 9일간은 나바라트리라고 부르며, 하루에 여신 한 명씩에게 제를 올린다. 동인도에서는 두르가 푸자로 성대하게 열린다. 마지막 날에는 『라마야나』를 낭독 및 연극하는 람릴라를 하고, 밤에는 거대한 마왕 라바나 인형을 불태운다.
디왈리	카르티카(10~11월)의 새로운 달이 시작되는 날	락슈미, 가네샤, 라마 등에게 제를 지낸다. 밤에 거행되는 빛의 축제이다. 당일 저녁 무렵에 디야(기름 등불)를 밝히고, 락슈미와 가네샤에게 기도한다. 크리슈나가 마왕 나라카를 퇴치한 날이라는 설, 라마가 라바나를 무찌르고 도읍으로 귀환한 날이라는 설 등이 있다.
마하 시바 라트리	마가(1~2월) 13일째 되는 날	시바 라트리란 '시바의 밤'이라는 뜻이다. 일 년에 12번 거행하는 시바 타트리 중에서 가장 신성한 날이 마하 시바 라트리이다. 시바를 신앙하는 많은 사람이 시바의 성지로 일컬어지는 갠지스 강가의 성지를 방문한다.

홀리
킬러풍한 가루를 서로에게 뿌리는 봄 축제!

가네샤 차투르티
화려한 가네샤 축제!

오남
마신 발리 축제!

두세라
두르가와 라마 축제!

디왈리
아름다운 빛의 축제!

마하 시바 라트리
신성한 시바 축제!

힌두교도 중에는 화장실을 집안에 설치하지 않고 야외에서 볼일을 보는 사람이 많다. 이러한 행동에는 청소는 최하층 카스트가 하는 일이라는 의식이 작용한다. 위생면에서 문제가 되기 때문에 화장실 보급률과 청소에 대한 저항감을 없애기 위해 개혁을 단행 중이다.

column 인도의 신화와 문화

가네샤 차투르티와 인도의 독립운동

가네샤는 인도 전역에서 사랑받는 신이다. 서인도, 그중에서도 특히 푸네에서 열리는 가네샤 축제는 그 열기가 대단하다. 과거에 마라타의 정치가 틸라크이 영국으로부터 독립하기 위한 독립운동의 일환으로 축제를 활성화시켜서 오늘날과 같은 형태가 되었다고 한다. 거대한 여러 개의 가네샤 상을 여러 개의 수레에 싣고, 사람들이 이 가네샤와 함께 거리를 행진한다. 마지막 날은 비사르잔이라고 해서 가네샤가 천계로 돌아가는 날이다. 도시 전체의 재액을 짊어진 가네샤 상을 바다에 떠내려 보냄으로써 부정을 정화하고 행복을 불러들인다. 거대한 가네샤 상은 흙으로 만든다. 바다에 떠내려 보내도 환경에 나쁜 영향을 끼치지 않는 소재로 만들어지므로 걱정하지 않아도 된다.

☆인도의 달력

인도에서는 고대부터 역법(조티샤) 연구가 왕성하게 이루어졌다. 인도 국정 달력은 일 년을 열두 달로 나누는 태양력을 쓰지만, 인도 축제는 힌두교 달력 또는 지방 달력으로 일시를 정한다. 힌두교 달력은 태음태양력이라서 일반적으로 흔히 쓰는 그레고리력(서력)과 날짜 차이가 난다. 그래서 서력으로 보았을 때는 같은 지방에서 매년 열리는 인도 축제의 날짜가 매번 달라지는 것이다.

인도력의 열두 달

3~4월	차이트라	9~10월	아슈빈
4~5월	바이사카	10~11월	카르티카
5~6월	제슈타	11~12월	마르가실사
6~7월	아샤다	12~1월	파우샤
7~8월	슈라반	1~2월	마가
8~9월	바드라파다	2~3월	팔구나

☆인도 종교(힌두교)를 말해주는 네 개의 키워드

청정과 부정 사상

힌두교에서는 부정한 것에 대한 혐오감이 무척 강한데, 현대인이 생각하는 '청결한가 불결한가' 하는 개념과는 다르다. 신앙적인 의미이다. 하위 카스트와 접촉하는 것, 그들로부터 음식을 받는 것, 타인의 피나 타액을 부정한 것으로 보는데, 소똥은 청정하다고 생각한다. 하지만 남인도에서는 하위 카스트가 장례식 등의 종교의식에서 중요시되기도 하고, 칼리 여신은 부정한 피를 즐겨 마신다. 때때로 부정한 것이 성스러운 것으로 바뀌는 것이 힌두교의 난해한 점이다.

힌두교의 여성관

인도에서는 여신을 신앙하는 사람이 많지만, 여성의 지위는 낮다. 남편이 죽으면 뒤따라 자살할 것을 장려하는 사티, 지참금 다우리, 유아혼, 미망인 화장 금지 등 많은 문제를 안고 있다. 인도의 여성 멸시 문제는 종교관에 뿌리를 내리고 있기 때문에 쉽사리 해결하기 어렵다. 『마누 법전』에 유아혼의 근거가 되는 연령과 여성의 의무 등이 나오지만, 인도는 끊임없이 변화하는 나라이다. 현대 인도가 안고 있는 문제에 관심이 있는 분은 꼭 한번 조사해보길 바란다.

결혼과 장례

결혼 : 결혼 상대는 태어난 지역, 부모의 직업, 점성술 등의 다양한 조건에 근거해서 대개 부모가 고른다. 결혼식 의식은 지방에 따라서 다르지만, 기본적으로는 성스러운 불에 공양물을 바친다. 축하 연회는 며칠에 걸쳐서 치르고, 손님에게는 음식을 무료로 대접한다.

장례 : 육체는 영혼을 담는 그릇에 불과하다. 육체는 불로 태워서 정화시키고, 영혼은 조상령을 위로하는 제사를 올려서 올바른 길로 가도록 인도한다. 제사 때 기를 넣어 만든 쌀떡(핀다)을 육체 대신에 태우면 영혼이 새로운 육체를 얻어서 조상령의 세계로 간다고 믿는다.

이상적인 인생 설계

『마누 법전』에서는 재생족(再生族, 수드라를 제외한 상위의 세 바르나)의 인생을 4분기로 나눈다. 어릴 때는 스승에게 베다를 배우고(학생기), 결혼하여 가장으로서 자손을 남기고(가주기), 늙으면 출가하고(임주기), 죽음이 임박하면 이곳저곳을 두루 다니며 돌아보는 것(유행기)이 이상적인 삶이라고 말한다. 남자는 10세를 전후해서 입문식을 치르고 성스러운 끈을 받는다. 출가가 유행하였던 고대에 출가와 가정생활의 균형을 모색한 끝에 나온 인생관인데, 오늘날에도 힌두교도는 이를 이상적인 인생으로 여긴다.

인도 신화 의문관 고찰 인도의 신을 개인적으로 신앙하는 것은 자유지만, 이교도가 정식 힌두교도가 되는 것은 어렵다. 카스트와 태어난 장소 등이 중요하므로 내세에 힌두교도로 태어나는 것을 노려보자.

☆인도 신화에 등장하는 신들의 성지 순례

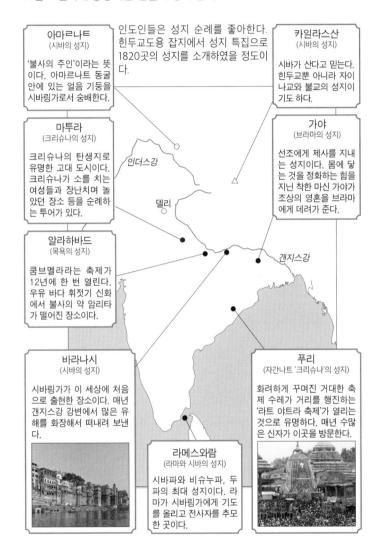

아마르나트
(시바의 성지)

'불사의 주인'이라는 뜻
이다. 아마르나트 동굴
안에 있는 얼음 기둥을
시바링가로서 숭배한다.

인도인들은 성지 순례를 좋아한다.
힌두교도용 잡지에서 성지 특집으로
1820곳의 성지를 소개하였을 정도이
다.

카일라스산
(시바의 성지)

시바가 산다고 믿는다.
힌두교뿐 아니라 자이
나교와 불교의 성지이
기도 하다.

마투라
(크리슈나의 성지)

크리슈나의 탄생지로
유명한 고대 도시이다.
크리슈나가 소를 치는
여성들과 장난치며 놀
았던 장소 등을 순례하
는 투어가 있다.

가야
(브라마의 성지)

선조에게 제사를 지내
는 성지이다. 몸에 닿
는 것을 정화하는 힘을
지닌 착한 마신 가야가
조상의 영혼을 브라마
에게 데려가 준다.

인더스강

델리

알라하바드
(목욕의 성지)

쿰브멜라라는 축제가
12년에 한 번 열린다.
우유 바다 휘젓기 신화
에서 불사의 약 암리타
가 떨어진 장소이다.

갠지스강

바라나시
(시바의 성지)

시바링가가 이 세상에 처음
으로 출현한 장소이다. 매년
갠지스강 강변에서 많은 유
해를 화장해서 떠내려 보낸
다.

푸리
(자간나트 '크리슈나'의 성지)

화려하게 꾸며진 거대한 축
제 수레가 거리를 행진하는
'라트 야트라 축제'가 열리는
것으로 유명하다. 매년 수많
은 신자가 이곳을 방문한다.

라메스와람
(라마와 시바의 성지)

시바파와 비슈누파, 두
파의 최대 성지이다. 라
마가 시바링가에게 기도
를 올리고 전사자를 추모
한 곳이다.

맺음말

힌두교는 다신교이고 신은 저마다 강렬한 개성을 가지고 있지만, 사실 수많은 신들은 '유일한 성스러운 힘'이 다양한 형태로 발현된 것에 지나지 않는다고 보는 견해가 있습니다. 자애로운 여신 파르바티는 전쟁의 신 두르가이기도 하고, 공포의 여신 칼리이기도 하고, 부의 여신 락슈미이기도 하고, 여신들은 여성 그 자체이기도 합니다.

길상한 시바가 세계를 멸망시키는 이면성을 지니는 것도, 비슈누의 화신들이 같은 시기에 이곳저곳에 존재하는 것도, '위대한 존재는 하나이다'라고 생각하면 모든 것이 설명됩니다. 시바링가와 기하학 도형 얀트라, 베다의 음율이 신 그 자체로서 숭배되는 것도 마찬가지일 것입니다.

사람도, 자연도, 신도, 모두 성스러운 힘이 다른 모습으로 발현된 것뿐이면 자신이 신봉하는 신이 아니어도, 교리가 정반대여도, 다른 모든 종교의 '신'이라는 존재도, 근본은 동일한 셈이 됩니다. 이러한 사상에는 모든 종교의 장벽을 뛰어넘을 근사한 가능성이 깃들어 있습니다.

한편, 힌두교의 근저에는 카스트 제도를 비롯한 인도 고유의 사회 제도와 문화, 풍습 등과 분리할 수 없는 사상이 있습니다. 극단적인 이면성이 있는 이 사상 자체가 인도 신들의 모습인지도 모르겠습니다.

인도는 현재도 계속해서 변화하고 있습니다. 독자분들이 본서를 통해 인도의 여러 신을 만난 것을 계기로 인도 문화와 풍습 등, 다른 나라의 가치관을 접하고 새로운 세계를 만나길 바랍니다.

마지막으로 학생 시절에 인도의 심연으로 이끌어주신 선생님께 깊이 감사드립니다. 특히 시바의 도상학에 관심이 있다는 제 말을 듣고 "재미있으면 더 연구해보지 그러니?"라며 대학원 진학을 권해주신 고(故) 오구라 야스시 선생님, 그때 그렇게 말씀해주지 않으셨다면 지금의 저는 없었을 것입니다. 진심으로 감사합니다.

본서를 감수해준 도카이대학의 가와지리 미치야 교수님, 도와주셔서 감사합니다. 또 인도 문화 정보를 수집하는 데 도움이 된 인터넷 사이트와 인도를 통해서 만난 많은 멋진 분들에게 감사를 표합니다.

본서의 내용보다는 간략하지만, 웹사이트(일본어)에도 인도 신화 정보를 게재하고 있습니다. 흥미가 있으신 분께서는 본서와 함께 웹사이트의 글도 읽어주시길 바랍니다.

천축 기담, 다키니
【인도 신화 천축 기담】http://www.tenjikukitan.com
【트위터】@tenjikukitan

참고 문헌

★는 기초 지식 없이도 읽을 수 있는 책이다.

───── 인도 신화

★『인도 신화　마하바라타의 신들(インド神話　マハーバーラタの神々)』가미무라 가쓰히코 (上村勝彦), 지쿠마학예문고(ちくま学芸文庫)

★『인도 신화 입문(インド神話入門)』하세가와 아키라(長谷川明), 신초샤(新潮社)

★『인도 만다라 대륙　신/마족/반신/정령(インド曼陀羅大陸　神々 / 魔族 / 半神 / 精霊)』채장 부(蔡丈夫), 신키겐샤(新紀元社)

『인도 신화(インド神話)』Veronica Ions, 사카이 하쿠로쿠(酒井博六) 역, 세이도샤(青土社)

『인도 신화 전설 사전(インド神話伝説辞典)』스가누마 아키라(菅沼晃) 편저, 도쿄도출판(東京堂出版)

『힌두교의 신들(ヒンドゥー神話の神々)』다치카와 무사시(立川武蔵), 세리카쇼보(せりか書房)

───── 베다를 비롯한 경전류

『리그베다 찬가(リグ・ヴェーダ賛歌)』쓰지 나오시로(辻直四郎), 이와나미문고(岩波文庫)

『우파니샤드(ウパニシャッド)』쓰지 나오시로(辻直四郎), 고단샤학술문고(講談社学術文庫)

『아타르바베다 찬가　고대 인도의 주술(アタルヴァ・ヴェーダ讃歌 古代インドの呪法)』쓰지 나오시로(辻直四郎), 이와나미문고(岩波文庫)

★『바가바드기타의 세계　힌두교의 구제(バガヴァッド・ギーターの世界 ヒンドゥー教の救済)』 가미무라 가쓰히코(上村勝彦), 지쿠마학예문고(ちくま学芸文庫)

『바가바드기타(バガヴァッド・ギーター)』가미무라 가쓰히코(上村勝彦), 이와나미문고(岩波文庫)

『힌두교의 경전 2편, 기타고빈다와 데비 마하트마(ヒンドゥー教の聖典二篇　ギータ・ゴーヴィンダ　デーヴィー・マーハートミャ)』오구라 야스시(小倉泰)・요치 유코(横地優子) 역주, 도요문고(東洋文庫)

★『마누 법전　힌두교 세계의 원리(マヌ法典　ヒンドゥー教世界の原理)』와타세 노부유키(渡瀬信之), 주코신서(中公新書)

216

『산스크리트 원전 완역 마누 법전(サンスクリット原典全訳 マヌ法典)』 와타세 노부유키
(渡瀬信之) 역, 주코문고(中公文庫)

『실리론 고대 인도의 제왕학(実利論 古代インドの帝王学)』 Kautilya, 가미무라 가쓰히코
(上村勝彦) 역, 이와니미문고(岩波文庫)

『리처드 버턴판 카마수트라(バートン版 カーマ・スートラ)』 Vatsyayana, 오바 마사후
미(大場正史) 역, 가도카와문고(角川文庫)

『완역 카마수트라(完訳 カーマ・スートラ)』 Vatsyayana, 이와모토 유타카(岩本裕) 역, 도
요문고(東洋文庫)

─────── 서사시와 고전 문학

★『마하바라타(マハーバーラタ)』 야마기와 모토오(山際素男) 역, gutenberg21

★『현대판 마하바라타 이야기(現代版 マハーバーラタ物語)』 Shanta R. Rao, 다니구치 이
베(谷口伊兵衛) 역, 지리쓰쇼보(而立書房)

★『원전 번역판 마하바라타(原典訳 マハーバーラタ)』 가미무라 가쓰히코(上村勝彦) 역, 지
쿠마학예문고(ちくま学芸文庫)(8권까지)

『마하바라타 신화학(マハーバーラタの神話学)』 오키타 미즈호(沖田瑞穂), 고분도(弘文堂)

『라마야나(ラーマーヤナ)』 Valmiki, 이와모토 유타카(岩本裕) 역, 도요문고(東洋文庫)(2권까지)

★『신역 라마야나(新訳ラーマーヤナ)』 Valmiki, 나카무라 료쇼(中村了昭) 역, 도요문고(東洋
文庫)

★『라마야나(상)(하) 인도 고전 이야기(ラーマーヤナ(上)(下) インド古典物語)』 가와타 기요
시(河田清史), 제3문명사(第三文明社)

『샤쿤탈라 공주(シャクンタラー姫)』 Kalidasa, 쓰지 나오시로(辻直四郎) 역, 이와나미문
고(岩波文庫)

★『마하바라타, 날라 왕 이야기, 다마얀티 공주의 기구한 생애(マハーバーラタ ナラ王物
語 ダマヤンティー姫の数奇な生涯)』 요로이 기요시(鎧淳) 역, 이와나미문고(岩波文庫)

─────── 힌두교 관련

★『힌두교의 책(ヒンドゥー教の本)』 Books Esoterica, 학습연구사(学習研究社)

『힌두의 신들(ヒンドゥーの神々)』 다치카와 무사시(立川武蔵)・이시구로 아쓰시(石黒淳)・
히시다 구니오(菱田邦男)・시마 이와오(島岩), 세리카쇼보(せりか書房)

『힌두교(ヒンドゥー教)』 Cybelle Shattuck, 히노 쇼운(日野紹運) 역, 슌주샤(春秋社)

『힌두교 사전(ヒンドゥー教の事典)』 하시모토 다이겐(橋本泰元)・미야모토 히사요시(宮本
久義)・야마시타 히로시(山下博司), 도쿄도출판(東京堂出版)

─── **인도의 역사와 문화 전반**

★『인더스 문명의 수수께끼 고대 문명 신화를 다시 보다(インダス文明の謎 古代文明神話を見直す)』오사다 도시키(長田俊樹), 교토대학학술출판회(京都大学学術出版会)

★『고대 인도(古代インド)』나카무라 하지메(中村元), 고단샤학술문고(講談社学術文庫)

『중세 인도의 역사(中世インドの歴史)』Satish Chandra, 오나 야스유키(小名康之)・나가시마 히로시(長島弘) 역, 야마카와출판사(山川出版社)

★『신판 남아시아를 아는 사전(新版 南アジアを知る事典)』가라시마 노보루(辛島昇)・마에다 센가쿠(前田專學)・에지마 야스노리(江島惠教)・그 외 감수, 헤이본샤(平凡社)

★『인도 건축 안내(インド建築案内)』가미야 다케오(神谷武夫), TOTO출판

★『차라카의 식탁 2천 년 전의 인도 요리(チャラカの食卓 二千年前のインド料理)』이토 다케시(伊藤武)・가토리 가오루(香取薫), 슛판신샤(出帆新社)

★『인도 시골벽적 통신(インドがやがや通信)』인도통신편집부(インド通信編集部), Travel Journal

『인도를 아는 사전(インドを知る事典)』, 야마시타 히로시(山下博司)・오카미쓰 노부코(岡光信子), 도쿄도출판(東京堂出版)

─

P078 Bust of bodhisattva, Kushan period/Taken on March 30, 2007/Molly

P163 Karttikeya and Agni - Circa 1st Century CE - Katra Keshav Dev - ACCN 40-2883- Government Museum - Mathura 2013-02-23 5717 By Biswarup Ganguly, CC BY 3.0, https://commons.wikimedia.org/w/index.php?curid=30298672

P181 12th century Airavatesvara Temple at Darasuram, dedicated to Shiva, built by the Chola king Rajaraja II Tamil Nadu India(96)/By Richard Mortel from Riyadh, Saudi Arabia - Airavatesvara Temple at Darasuram, dedicated to Shiva, built by the Chola king Rajaraja II in the 12th century(90), CC BY 2.0, https://commons.wikimedia.org/w/index.php?curid=64003672

P199 Danidhar4/By User:ଶୁଭ୍ରଜିତ - Own work, CC BY-SA 3.0, https://commons.wikimedia.org/w/index.php?curid=7782917

P213 Rath Yatra Puri 2007 11071/By I, G-u-t, CC BY 2.5, https://commons.wikimedia.org/w/index.php?curid=2472540

※저작권 표기가 없는 것은 개인 소장 또는 Public Domain 및 CC0이다.

창작을 꿈꾸는 이들을 위한 안내서
AK 트리비아 시리즈

-AK TRIVIA BOOK

No. 01 도해 근접무기
오나미 아츠시 지음 | 이창협 옮김 | 228 쪽 | 13,000 원

근접무기, 서브 컬처적 지식을 고찰하다!
검, 도끼, 창, 곤봉, 활 등 현대적인 무기가 등장하기 전에 사용되던 냉병기에 대한 개설서. 각 무기의 형상과 기능, 유형부터 사용 방법은 물론 서브컬처의 세계에서 어떤 모습으로 그려지는가에 대해서도 상세히 해설하고 있다.

No. 02 도해 크툴루 신화
모리세 료 지음 | AK 커뮤니케이션즈 편집부 옮김 | 240 쪽 | 13,000 원

우주적 공포. 현대의 신화를 파헤치다!
현대 환상 문학의 거장 H.P 러브크래프트의 손에 의해 창조된 암흑 신화인 크툴루 신화. 111 가지의 키워드를 선정, 각종 도해와 일러스트를 통해 크툴루 신화의 과거와 현재를 해설한다.

No. 03 도해 메이드
이케가미 료타 지음 | 코트랜스 인타내셔널 옮김 | 238 쪽 | 13,000 원

메이드의 모든 것을 이 한 권에!
메이드에 대한 궁금증을 확실하게 해결해주는 책. 영국, 특히 빅토리아 시대의 사회를 중심으로, 실존했던 메이드의 삶을 보여주는 가이드북.

No. 04 도해 연금술
쿠사노 타쿠미 지음 | 코트랜스 인타내셔널 옮김 | 220 쪽 | 13,000 원

기적의 학문, 연금술을 짚어보다!
연금술사들의 발자취를 따라 연금술에 대해 자세하게 알아보는 책. 연금술에 대한 풍부한 지식을 쉽고 간결하게 전달하여, 체계적으로 해설하고, '진리'를 위해 모든 것을 바친 이들의 기록이 담겨있다.

No. 05 도해 핸드웨폰
오나미 아츠시 지음 | 이창협 옮김 | 228 쪽 | 13,000 원

모든 개인화기를 총망라!
권총, 소총, 기관총, 어설트 라이플, 샷건, 머신건 등, 개인 화기를 지칭하는 다양한 명칭들은 대체 무엇을 기준으로 하며 어떻게 붙여진 것일까? 개인 화기의 모든 것을 기초부터 해설한다.

No. 06 도해 전국무장
이케가미 료타 지음 | 이재경 옮김 | 256 쪽 | 13,000 원

전국시대를 더욱 재미있게 즐겨보자!
소설이나 만화, 게임 등을 통해 많이 접할 수 있는 일본 전국시대에 대한 입문서. 무장들의 활약상, 전국시대의 일상과 생활까지 상세히 서술, 전국시대에 쉽게 접근할 수 있도록 구성했다.

No. 07 도해 전투기
가와노 요시유키 지음 | 문우성 옮김 | 264 쪽 | 13,000 원

빠르고 강력한 병기, 전투기의 모든 것!
현대전의 정점인 전투기. 역사와 로망 속의 전투기에서 최신예 스텔스 전투기에 이르기까지, 인류의 전쟁사를 바꾸어놓은 전투기에 대하여 상세히 소개한다.

No. 08 도해 특수경찰
모리 모토사타 지음 | 이재경 옮김 | 220 쪽 | 13,000 원

실제 SWAT 교관 출신의 저자가 특수경찰의 모든 것을 소개!
특수경찰의 훈련부터 범죄 대처법, 최첨단 수사 시스템, 기밀 자저의 아슥아슥한 부분까지 특수경찰을 저자의 풍부한 지식으로 폭넓게 소개한다.

No. 09 도해 전차

오나미 아츠시 지음 | 문우성 옮김 | 232 쪽 | 13,000 원

지상전의 왕자, 전차의 모든 것!
지상전의 지배자이자 절대 강자 전차를 소개한다. 전차의 힘과 이를 이용한 다양한 전술, 그리고 그 독특한 모습까지. 알기 쉬운 해설과 상세한 일러스트로 전차의 매력을 전달한다.

No. 10 도해 헤비암즈

오나미 아츠시 지음 | 이재경 옮김 | 232 쪽 | 13,000 원

전장을 압도하는 강력한 화기, 총집합!
전장의 주역, 보병들의 든든한 버팀목인 강력한 화기를 소개하는 책. 대구경 기관총부터 유탄 발사기, 무반동총, 대전차 로켓 등, 압도적인 화력으로 전장을 지배하는 화기에 대하여 알아보자!

No. 11 도해 밀리터리 아이템

오나미 아츠시 지음 | 이재경 옮김 | 236 쪽 | 13,000 원

군대에서 쓰이는 군장 용품을 완벽 해설!
이제 밀리터리 세계에 발을 들이는 입문자들을 위해 '군장 용품'에 대해 최대한 알기 쉽게 다루는 책. 세부적인 사항에 얽매이지 않고, 상식적으로 갖추어야 할 기초지식을 중심으로 구성되어 있다.

No. 12 도해 악마학

쿠사노 타쿠미 지음 | 김문광 옮김 | 240 쪽 | 13,000 원

악마에 대한 모든 것을 담은 총집서!
악마학의 시작부터 현재까지의 그 연구 및 발전 과정을 한눈에 알아볼 수 있도록 구성한 책. 단순한 흥미를 뛰어넘어 영적이고 종교적인 지식의 깊이까지 더할 수 있는 내용으로 구성.

No. 13 도해 북유럽 신화

이케가미 료타 지음 | 김문광 옮김 | 228 쪽 | 13,000 원

세계의 탄생부터 라그나로크까지!
북유럽 신화의 세계관, 등장인물, 여러 신과 영웅들이 사용한 도구 및 마법에 대한 설명까지! 당시 북유럽 국가들의 생활상을 통해 북유럽 신화에 대한 이해도를 높일 수 있도록 심층적으로 해설한다.

No. 14 도해 군함

다카하라 나루미 외 1 인 지음 | 문우성 옮김 | 224 쪽 | 13,000 원

20 세기의 전함부터 항모, 전략 원잠까지!
군함에 대한 입문서. 종류와 개발사, 구조, 제원 등의 기본부터, 승무원의 일상, 정비 비용까지 어렵게 여겨질 만한 요소를 도표와 일러스트로 쉽게 해설한다.

No. 15 도해 제 3 제국

모리세 료외 1 인 지음 | 문우성 옮김 | 252 쪽 | 13,000 원

나치스 독일 제 3 제국의 역사를 파헤친다!
아돌프 히틀러 통치하의 독일 제 3 제국에 대한 개론서. 나치스가 권력을 장악한 과정부터 조직 구조, 조직을 이끈 핵심 인물과 상호 관계와 갈등, 대립 등, 제 3 제국의 역사에 대해 해설한다.

No. 16 도해 근대마술

하니 레이 지음 | AK 커뮤니케이션즈 편집부 옮김 | 244 쪽 | 13,000 원

현대 마술의 개념과 원리를 철저 해부!
마술의 종류와 개념, 이름을 남긴 마술사와 마술 단체, 마술에 쓰이는 도구 등을 설명한다. 겉핥기식의 설명이 아닌, 역사와 각종 매체 속에서 마술이 어떤 영향을 주었는지 심층적으로 해설하고 있다.

No. 17 도해 우주선

모리세 료외 1 인 지음 | 이재경 옮김 | 240 쪽 | 13,000 원

우주를 꿈꾸는 사람들을 위한 추천서!
우주공간의 과학적인 설명은 물론, 우주선의 태동에서 발전의 역사, 재질, 발사와 비행의 원리 등, 어떤 원리로 날아다니고 착륙할 수 있는지 자세한 도표와 일러스트를 통해 해설한다.

No. 18 도해 고대병기

미즈노 히로키 지음 | 이재경 옮김 | 224 쪽 | 13,000 원

역사 속의 고대병기, 집중 조명!
지혜와 과학의 결정체, 병기. 그중에서도 고대의 병기를 집중적으로 조명, 단순한 병기의 나열이 아닌, 각 병기의 탄생 배경과 활약상, 계보, 작동 원리 등을 상세하게 다루고 있다.

No. 19 도해 UFO

사쿠라이 신타로 지음 | 서형주 옮김 | 224 쪽 | 13,000 원

UFO 에 관한 모든 지식과, 그 허와 실.
첫 번째 공식 UFO 목격 사건부터 현재까지, 세계를 떠들썩하게 만든 모든 UFO 사건을 다룬다. 수많은 미스터리는 물론, 종류, 비행 패턴 등 UFO 에 관한 모든 지식들을 알기 쉽게 정리했다.

No. 20 도해 식문화의 역사

다카하라 나루미 지음 | 채다인 옮김 | 244 쪽 | 13,000 원

유럽 식문화의 변천사를 조명한다!
중세 유럽을 중심으로, 음식문화의 변화를 설명한다. 최초의 조리 역사부터 식재료, 예절, 지역별 선호메뉴까지, 시대상황과 분위기, 사람들의 인식이 어떠한 영향을 끼쳤는지 흥미로운 사실을 다룬다.

No. 21 도해 문장

신노 케이 지음 | 기미정 옮김 | 224 쪽 | 13,000 원

역사와 문화의 시대적 상징물 , 문장 !

기나긴 역사 속에서 문장이 어떻게 만들어졌
고, 어떤 도안들이 이용되었는지, 발전 과정
과 유럽 역사 속 위인들의 문장이나 특징적인 문장의 인물
에 대해 설명한다 .

No. 22 도해 게임이론

와타나베 타카히로 지음 | 기미정 옮김 | 232 쪽 | 13,000 원

이론과 실용 지식을 동시에 !

죄수의 딜레마 , 도덕적 해이 , 제로섬 게임
등 다양한 사례 분석과 알기 쉬운 해설을 통
해 , 누구나가 쉽고 직관적으로 게임이론을 이해하고 현실
에 적용할 수 있도록 도와주는 최고의 입문서 .

No. 23 도해 단위의 사전

호시다 타다히코 지음 | 문우성 옮김 | 208 쪽 | 13,000 원

**세계를 바라보고 , 규정하는 기준이 되는 단
위를 풀어보자 !**

전 세계에서 사용되는 108 개 단위의 역사
와 사용 방법 등을 해설하는 본격 단위 사전. 정의와 기준,
유래 , 측정 대상 등을 명쾌하게 해설한다 .

No. 24 도해 켈트 신화

이케가미 료타 지음 | 곽형준 옮김 | 264 쪽 | 13,000 원

쿠 훌린과 핀 막 쿨의 세계 !

켈트 신화의 세계관 , 각 설화와 전설의 주요
등장인물들 ! 이야기에 따라 내용뿐만 아니
라 등장인물까지 뒤바뀌는 경우도 있는데, 그런 특별한
사항까지 다루어 , 신화의 읽는 재미를 더한다 .

No. 25 도해 항공모함

노가미 아키토 외 1 인 지음 | 오광웅 옮김 | 240 쪽 | 13,000 원

군사기술의 결정체 , 항공모함 철저 해부 !

군사력의 상징이던 거대 전함을 과거의 유물
로 전락시킨 항공모함. 각 국가별 발달의 역
사와 임무 , 영향력에 대한 광범위한 자료를 한눈에 파악
할 수 있다 .

No. 26 도해 위스키

츠치야 마모루 지음 | 기미정 옮김 | 192 쪽 | 13,000 원

위스키 , 이제는 제대로 알고 마시자 !

다양한 음용법과 글라스의 차이, 바 또는 집
에서 분위기 있게 마실 수 있는 방법까지,
위스키의 맛을 한층 돋아주는 필수 지식이 가득 ! 세계적
인 위스키 평론가가 전하는 입문서의 결정판 .

No. 27 도해 특수부대

오나미 아츠시 지음 | 오광웅 옮김 | 232 쪽 | 13,000 원

불가능이란 없다 ! 전장의 스페셜리스트 !

특수부대의 탄생 배경 . 종류 , 규모 , 각종 임
부 , 그들만의 특수한 상비 . 어떠한 상황에서
도 살아남기 위한 생존 기술까지 모든 것을 보여주는 책 .
왜 그들이 스페셜리스트인지 알게 될 것이다 .

No. 28 도해 서양화

다나카 쿠미코 지음 | 김상호 옮김 | 160 쪽 | 13,000 원

서양화의 변천사와 포인트를 한눈에 !

르네상스부터 근대까지 , 시대를 넘어 사랑
받는 명작 84 점을 수록 . 각 작품들의 배경
과 특징, 그림에 담겨있는 비유적 의미와 기법 등 , 감상
포인트를 명쾌하게 해설하였으며 , 더욱 깊은 이해를 위한
역사와 종교 관련 지식까지 담겨있다 .

No. 29 도해 갑자기
그림을 잘 그리게 되는 법

나카야마 시게노부지음 | 이연희 옮김 | 204 쪽 | 13,000 원

멋진 일러스트의 초간단 스킬 공개 !

투시도와 원근법만으로 , 멋지고 입체적인
일러스트를 그릴 수 있는 방법 ! 그림에 대한 재능이 없다
생각 말고 읽어보자 . 그림이 극적으로 바뀔 것이다 .

No. 30 도해 사케

키지마 사토시 지음 | 기미정 옮김 | 208 쪽 | 13,000 원

사케를 더욱 즐겁게 마셔 보자 !

선택 법 , 온도 , 명칭 , 안주와의 궁합 , 분위
기 있게 마시는 법 등 , 사케의 맛을 한층 더
즐길 수 있는 모든 지식이 담겨 있다 . 일본 요리의 거장이
전해주는 사케 입문서의 결정판 .

No. 31 도해 흑마술

쿠사노 타쿠미 지음 | 곽형준 옮김 | 224 쪽 | 13,000 원

역사 속에 실존했던 흑마술을 총망라 !

악령의 힘을 빌려 행하는 사악한 흑마술을
총망라한 책 . 흑마술의 정의와 발전, 기본
법칙을 상세히 설명한다 . 또한 여러 국가에서 행해졌던
흑마술 사건들과 관련 인물들을 소개한다 .

No. 32 도해 현대 지상전

모리 모토사다 지음 | 정은택 옮김 | 220 쪽 | 13,000 원

아프간 이라크 ! 현대 지상전의 모든 것 !!

저자가 직접 , 실제 전장에서 활동하는 군인
은 물론 민간 군사기업 관계자들과도 폭넓게
교류하면서 얻은 정보들을 아낌없이 공개한 책 . 현대전에
투입되는 지상전의 모든 것을 해설한다 .

No. 33 도해 건파이트
오나미 아츠시 지음 | 송명규 옮김 | 232 쪽 | 13,000 원
총격전에서 일어나는 상황을 파헤친다!
영화, 소설, 애니메이션 등에서 볼 수 있는
총격전. 그 장면들은 진짜일까? 실전에서는
총기를 어떻게 다루고, 어디에 몸을 숨겨야 할까. 자동차
추격전에서의 대처법 등 건 액션의 핵심 지식.

No. 34 도해 마술의 역사
쿠사노 타쿠미 지음 | 김진아 옮김 | 224 쪽 | 13,000 원
마술의 탄생과 발전 과정을 알아보자!
고대에서 현대에 이르기까지 마술은 문화의
발전과 함께 널리 퍼져나갔으며, 다른 마술
과 접촉하면서 그 깊이를 더해왔다. 마술의 발생시기와
장소, 변모 등 역사와 개요를 상세히 소개한다.

No. 35 도해 군용 차량
노가미 아키토 지음 | 오광웅 옮김 | 228 쪽 | 13,000 원
**지상의 왕자, 전차부터 현대의 바퀴달린 사
역마까지 !!**
전투의 핵심인 전투 차량부터 눈에 띄지 않는
무대에서 묵묵히 임무를 다하는 각종 지원 차량까지. 각
자 맡은 임무에 충실하도록 설계되고 고안된 군용 차량만
의 다채로운 세계를 소개한다.

No. 36 도해 첩보 · 정찰 장비
사카모토 아키라 지음 | 문성호 옮김 | 228 쪽 | 13,000 원
승리의 열쇠 정보! 정보전의 모든 것!
소음총, 소형 폭탄, 소형 카메라 및 통신기
등 영화에서나 등장할 법한 첩보원들의 특수
장비부터 정찰 위성에 이르기까지 첩보 및 정찰 장비들을
400 점의 사진과 일러스트로 설명한다.

No. 37 도해 세계의 잠수함
사카모토 아키라 지음 | 류재학 옮김 | 242 쪽 | 13,000 원
바다를 지배하는 침묵의 자객, 잠수함.
잠수함은 두 번의 세계대전과 냉전기를 거
쳐, 최첨단 기술로 최신 무장시스템을 갖추
어왔다. 원리와 구조, 승조원의 훈련과 임무, 생활과 전
투방법 등을 사진과 일러스트로 철저히 해부한다.

No. 38 도해 무녀
토키타 유스케 지음 | 송명규 옮김 | 236 쪽 | 13,000 원
무녀와 샤머니즘에 관한 모든 것!
무녀의 기원부터 시작하여 일본의 신사에서
치르는 각종 의식, 그리고 델포이의 무
녀, 한국의 무당을 비롯한 세계의 샤머니즘과 각종 종교
를 106 가지의 소주제로 분류하여 해설한다!

No. 39 도해 세계의 미사일 로켓 병기
사카모토 아키라 | 유병준 · 김성훈 옮김 | 240 쪽 | 13,000 원
ICBM 부터 THAAD 까지!
현대전의 진정한 주역이라 할 수 있는 미사
일. 보병이 휴대하는 대전차 로켓부터 공대
공 미사일, 대륙간 탄도탄, 그리고 근래 들어 언론의 주목
을 받고 있는 ICBM 과 THAAD 까지 미사일의 모든 것을
해설한다!

No. 40 독과 약의 세계사
후나야마 신지 지음 | 진정숙 옮김 | 292 쪽 | 13,000 원
독과 약의 차이란 무엇인가?
화학물질을 어떻게 하면 유용하게 활용할 수
있는가 하는 것은 인류에 있어 중요한 과제
가운데 하나라 할 수 있다. 독과 약의 역사, 그리고 우리
생활과의 관계에 대하여 살펴보도록 하자.

No. 41 영국 메이드의 일상
무라카미 리코 지음 | 조아라 옮김 | 460 쪽 | 13,000 원
빅토리아 시대의 아이콘 메이드!
가사 노동자이며 직장 여성의 최대 다수를 차
지했던 메이드의 일과 생활을 통해 영국의 다
른 면을 살펴본다. 「엠마 빅토리안 가이드」 의 저자 무라
카미 리코의 빅토리아 시대 안내서.

No. 42 영국 집사의 일상
무라카미 리코 지음 | 기미정 옮김 | 292 쪽 | 13,000 원
집사, 남성 가사 사용인의 모든 것!
Butler, 즉 집사로 대표되는 남성 상급 사용
인. 그들은 어떠한 일을 했으며 어떤 식으로
하루를 보냈을까? 「엠마 빅토리안 가이드」 의 저자 무라
카미 리코의 빅토리안 시대 안내서 제 2 탄.

No. 43 중세 유럽의 생활
가와하라 아쓰시 외 1 인 지음 | 남지연 옮김 | 260 쪽 | 13,000 원
새롭게 조명하는 중세 유럽 생활사
철저히 분류되는 중세의 신분. 그 중 「일하
는 자」 의 일상생활은 어떤 것이었을까? 각
종 도판과 사료를 통해, 중세 유럽에 대해 알아보자.

No. 44 세계의 군복
사카모토 아키라 지음 | 진정숙 옮김 | 130 쪽 | 13,000 원
세계 각국 군복의 어제와 오늘 !!
형태와 기능미가 절묘하게 융합된 의복인 군
복. 제 2 차 세계대전에서 현대에 이르기까
지, 각국의 전투복과 정복 그리고 각종 장구류와 계급장,
훈장 등, 군복만의 독특한 매력을 느껴보자!

No. 45 세계의 보병장비

사카모토 아키라 지음 | 이상언 옮김 | 234 쪽 | 13,000 원

현대 보병장비의 모든 것!

군에 있어 가장 기본이 되는 보병! 개인화기,
전투복, 군장, 전투식량, 그리고 미래의 장
비까지. 제 2 차 세계대전 이후 눈부시게 발전한 보병 장
비와 현대전에 있어 보병이 지닌 의미에 대하여 살펴보자.

No. 46 해적의 세계사

모모이 지로 지음 | 김효진 옮김 | 280 쪽 | 13,000 원

「영웅」인가,「공적」인가?

지중해, 대서양, 카리브해, 인도양에서 활동
했던 해적을 중심으로, 영웅이자 약탈자, 정
복자, 야심가 등 여러 시대에 걸쳐 등장했던 다양한 해적
들이 세계사에 남긴 발자취를 더듬어본다.

No. 47 닌자의 세계

야미키타 아츠시 지음 | 송명규 옮김 | 232 쪽 | 13,000 원

실제 닌자의 활약을 살펴본다!

어떠한 임무라도 완수할 수 있도록 닌자는 온
갖 지혜를 짜내며 궁극의 도구와 인술을 만들
어냈다. 과연 닌자는 역사 속에서 어떤 활약을 펼쳤을까.

No. 48 스나이퍼

오나미 아츠시 지음 | 이상언 옮김 | 240 쪽 | 13,000 원

스나이퍼의 다양한 장비와 고도의 테크닉!

아군의 절체절명 위기에서 한 끗 차이의 절묘
한 타이밍으로 전세를 역전시키기도 하는 스
나이퍼의 세계를 알아본다.

No. 49 중세 유럽의 문화

이케가미 쇼타 지음 | 이은수 옮김 | 256 쪽 | 13,000 원

심오하고 매력적인 중세의 세계!

기사, 사제와 수도사, 음유시인에 숙녀, 그
리고 농민과 상인과 기술자들. 중세 배경의
판타지 세계에서 자주 보았던 그들의 리얼한 생활을 풍부
한 일러스트와 표로 이해한다!

No. 50 기사의 세계

이케가미 쇼타 지음 | 이은수 옮김 | 256 쪽 | 13,000 원

심오하고 매력적인 중세의 세계!

기사, 사제와 수도사, 음유시인에 숙녀, 그
리고 농민과 상인과 기술자들. 중세 배경의
판타지 세계에서 자주 보았던 그들의 리얼한 생활을 풍부
한 일러스트와 표로 이해한다!

No. 51 영국 사교계 가이드
-19 세기 영국 레이디의 생활 -

무라카미 리코 지음 | 문성호 옮김 | 216 쪽 | 15,000 원

19 세기 영국 사교계의 생생한 모습!

당시에 많이 출간되었던「에티켓 북」의 기술을 바탕으로,
빅토리아 시대 중류 여성들의 사교 생활을 알아보며 그 속
마음까지 들여다본다.

No. 52 중세 유럽의 성채 도시

무라카미 리코 지음 | 문성호 옮김 | 216 쪽 | 15,000 원

19 세기 영국 사교계의 생생한 모습!

당시에 많이 출간되었던「에티켓 북」의 기
술을 바탕으로, 빅토리아 시대 중류 여성들
의 사교 생활을 알아보며 그 속마음까지 들여다본다.

No. 53 마도서의 세계

쿠사노 타쿠미 지음 | 남지연 옮김 | 236 쪽 | 15,000 원

마도서의 기원과 비밀!

천사와 악마 같은 영혼을 소환하여 자신의
소망을 이루는 마도서의 원리를 설명한다.

No. 54 영국의 주택

야마다 카요코 외 지음 | 문성호 옮김 | 252 쪽 | 17,000 원

영국인에게 집은「물건」이 아니라「문화」다!

영국 지역에 따른 집들의 외관 특징, 건축 양
식, 재료 특성, 각종 주택 스타일을 상세하
게 설명한다.

No. 55 발효

고이즈미 다케오 지음 | 장현주 옮김 | 224 쪽 | 15,000 원

미세한 거인들의 경이로운 세계!

세계 각지 발효 문화의 놀라운 신비와 의의
를 살펴본다. 발효를 발전시켜온 인간의 깊
은 지혜와 훌륭한 발상이 보일 것이다.

No. 56 중세 유럽의 레시피

코스트마리 사무국 슈 호카 지음 | 김효진 옮김 | 164 쪽
| 15,000 원

미세한 거인들의 경이로운 세계!

세계 각지 발효 문화의 놀라운 신비와 의의
를 살펴본다. 발효를 발전시켜온 인간의 깊은 지혜와 훌
륭한 발상이 보일 것이다.

환상 네이밍 사전

신키겐샤 편집부 지음 | 유진원 옮김 | 288 쪽 | 14,800 원

의미 없는 네이밍은 이제 그만 !

운명은 프랑스어로 무엇이라고 할까 ? 독일어, 일본어로는 ? 중국어로는 ? 더 나아가 이탈리아어, 러시아어, 그리스어, 라틴어, 아랍어에 이르기까지. 1,200 개 이상의 표제어와 11 개국어, 13,000 개 이상의 단어를 수록 !!

중 2 병 대사전

노무라 마사타카 지음 | 이재경 옮김 | 200 쪽 | 14,800 원

이 책을 보는 순간, 당신은 이미 궁금해하고 있다 !

사춘기 청소년이 행동할 법한, 손발이 오그라드는 행동이나 사고를 뜻하는 중 2 병. 서브컬처 작품에 자주 등장하는 중 2 병의 의미와 기원 등, 102 개의 항목에 대해 해설과 칼럼을 곁들여 알기 쉽게 설명 한다.

크툴루 신화 대사전

고토 카츠 외 1 인 지음 | 곽형준 옮김 | 192 쪽 | 13,000 원

신화의 또 다른 매력, 무한한 가능성 !

H.P. 러브크래프트를 중심으로 여러 작가들의 설정이 거대한 세계관으로 자리잡은 크툴루 신화. 현대 서브 컬처에 지대한 영향을 끼치는 신화. 대중 문화 속에 알게 모르게 자리 잡은 크툴루 신화의 요소를 설명하는 본격 해설서.

문양박물관

H. 돌메치 지음 | 이지은 옮김 | 160 쪽 | 8,000 원

세계 문양과 장식의 정수를 담다 !

19 세기 독일에서 출간된 H. 돌메치의 「장식의 보고」를 바탕으로 제작된 책이다. 세계 각지의 문양 장식을 소개한 이 책은 이론보다 실용에 초점을 맞춘 입문서. 화려하고 아름다운 전 세계의 문양을 수록한 실용적인 자료집으로 손꼽는다.

고대 로마군 무기 · 방어구 · 전술 대전

노무라 마사타카 외 3 인 지음 | 기미정 옮김 | 224 쪽 | 13,000 원

위대한 정복자, 고대 로마군의 모든 것 !

부대의 편성부터 전술, 장비 등, 고대 최강의 군대라 할 수 있는 로마군이 어떤 집단이었는지 상세하게 분석하는 해설서. 압도적인 군사력으로 세계를 석권한 로마 제국. 그 힘의 전모를 철저하게 검증한다.

도감 무기 갑옷 투구

이치카와 사다하루 외 3 인 지음 | 남지연 옮김 | 448 쪽 | 29,000 원

역사를 망라한 궁극의 군장도감 !

고대로부터 무기는 당시 최신 기술의 정수와 함께 철학과 문화, 신앙이 어우러져 완성되었다. 이 책은 그러한 무기들의 기능, 원리, 목적 등과 더불어 그 기원과 발전 양상 등을 그림과 표를 통해 알기 쉽게 설명하고 있다. 역사상 실재한 무기와 갑옷, 투구들을 통사적으로 살펴보자.

중세 유럽의 무술 , 속 중세 유럽의 무술

오사다 류타 지음 | 남유리 옮김 | 각 권 672 쪽 ~ 624 쪽 | 각 권 29,000 원

본격 중세 유럽 무술 소개서 !

막연하게만 떠오르는 중세 유럽 ~ 르네상스 시대에 활약했던 검술과 격투술의 모든 것을 담은 책. 영화 등에서만 접할 수 있었던 유럽 중세시대 무술의 기본이념과 자세, 방어, 보법부터, 시대를 풍미한 각종 무술까지. 일러스트를 통해 알기 쉽게 설명한다.

최신 군용 총기 사전

토코이 마사미 지음 | 오광용 옮김 | 564 쪽 | 45,000 원

세계 각국의 현용 군용 총기를 총망라 !

주로 군용으로 개발되었거나 군대 또는 경찰의 대테러부대처럼 중무장한 조직에 배치되어 사용되고 있는 소화기가 중점적으로 수록되어 있으며, 이외에도 각 제작사에서 국제 군수시장에 수출할 목적으로 개발, 시제품만이 소수 제작되었던 총기류도 함께 실려 있다.

초패미컴, 초초패미컴

타네 키요시 외 2 인 지음 | 문성호 외 1 인 옮김 | 각 권 360, 296 쪽 | 각 권 14,800 원

게임은 아직도 패미컴을 넘지 못했다 !

패미컴 탄생 30 주년을 기념하여 1983 년 「동키콩」부터 시작하여 1994 년 「타카하시 명인의 모험도 IV」까지 총 100 여 개의 작품에 대한 리뷰를 담은 영구 소장판. 패미컴과 함께했던 아련한 추억을 간직하고 있는 모든 이들을 위한 책이다.

초쿠소게 1,2

타네 키요시 외 2 인 지음 | 문성호 옮김 | 각 권 224, 300 쪽 | 각 권 14,800 원

망작 게임들의 숨겨진 매력을 재조명 !

「쿠소게 クソゲ-」란 '똥-クソ' 과 '게임 -Game' 의 합성어로, 어감 그대로 정말 못 만들고 재미없는 게임을 지칭할 때 사용되는 조어이다. 우리말로 바꾸면 망작 게임 정도가 될 것이다. 레트로 게임에서부터 플레이스테이션 3 까지 게이머들의 기대를 보란듯이 저버렸던 수많은 쿠소게들을 총망라하였다.

초에로게, 초에로게 하드코어

타네 키요시 외 2 인 지음 | 이은수 옮김 | 각 권 276 쪽, 280 쪽 | 각 권 14,800 원

명작 18 금 게임 총출동 !

에로게란 '에로 - 에□' 와 '게임 -Game' 의 합성어로, 말 그대로 성적인 표현이 담긴 게임을 지칭한다. '에로게 헌터' 라 자처하는 베테랑 저자들의 엄격한 심사 (?) 를 통해 선정된 '명작 에로게' 들에 대한 본격 리뷰집 !!

세계의 전투식량을 먹어보다

키쿠즈키 토시유키 지음 | 오광웅 옮김 | 144 쪽 | 13,000 원

전투식량에 관련된 궁금증을 한권으로 해결!

전투식량이 전장에서 자리를 잡아가는 과정과, 미국의 독립진쟁부터 시작하여 역사 속 여러 전쟁의 전투식량 배급 양상을 살펴보는 책. 식품부터 식기까지, 수많은 선생 속에서 선투식량이 어떠한 모습으로 등장하였고 병사들은 이를 어떻게 취식하였는지, 흥미진진한 역사를 소개하고 있다.

민족의상 1,2

오귀스트 라시네 지음 | 이지은 옮김
각 권 160 쪽 | 각 8,000 원

화려하고 기품 있는 색감 !!

디자이너 오귀스트 라시네의 『복식사』 전 6 권 중에서 민족의상을 다룬 부분을 바탕으로 제작되있다. 뒷대에 정점에 올랐던 석판 인쇄 기술로 완성되어, 시대가 흘렀음에도 그 세세하고 풍부하고 아름다운 색감이 주는 감동은 여전히 빛을 발한다.

세계장식도 I , II

오귀스트 라시네 지음 | 이지은 옮김 | 각 권 160 쪽
각 권 8,000 원

공예 미술계 불후의 명작을 농축한 한 권 !

19 세기 프랑스에서 가장 유명한 디자이너였던 오귀스트 라시네 저서 『세계장식 도집성』에서 인상적인 부분을 뽑아내 콤팩트하게 정리한 다이제스트판. 공예 미술의 각 분야를 포괄하는 내용을 담은 책으로, 방대한 예시를 더욱 정교하게 소개한다.

중세 유럽의 복장

오귀스트 라시네 지음 | 이지은 옮김 | 160 쪽 | 8,000 원

고품격 유럽 민족의상 자료집 !!

19 세기 프랑스의 유명한 디자이너 오귀스트 라시네가 직접 당시의 민족의상을 그린 자료집. 유럽 각지에서 사람들이 실제로 입었던 민족의상의 모습을 그대로 풍부하게 수록하였다. 각 나라의 특색과 문화가 담겨 있는 민족의상을 감상할 수 있다.

서양 건축의 역사

사토 다쓰키 지음 | 조민경 옮김 | 264 쪽 | 14,000 원

서양 건축사의 결정판 가이드 북 !

건축의 역사를 살펴보는 것은 당시 사람들의 의식을 들여다보는 것과도 같다. 이 책은 고대에서 중세, 르네상스기로 넘어가며 탄생한 다양한 양식들을 당시의 사회, 문화, 기후, 토질 등을 바탕으로 해설하고 있다.

그림과 사진으로 풀어보는 **이상한 나라의 앨리스**

구와바라 시게오 지음 | 조민경 옮김 | 248 쪽 | 14,000 원

매혹적인 원더랜드의 논리를 완전 해설 !

산업 혁명을 통한 눈부신 문명의 발전과 그 그늘. 도덕주의와 엄숙주의, 위선과 허영이 병존하던 빅토리아 시대는 『원더랜드』의 탄생과 그 배경으로 어떻게 작용했을까? 순진 무구한 소녀 앨리스가 우연히 발을 들인 기묘한 세상의 완전 가이드북 !!

세계의 건축

코우다 미노루 외 1 인 지음 | 조민경 옮김 | 256 쪽 | 14,000 원

고품격 건축 일러스트 자료집 !

시대를 망라하여, 건축물의 외관 및 내부의 장식을 정밀한 일러스트로 소개한다. 흔히 보이는 풍경이나 딱딱한 도시의 건축물이 아닌, 고풍스러운 건물들을 섬세하고 세밀한 선화로 표현하여 만화, 일러스트 자료에 최적화된 형태로 수록하고 있다

그림과 사진으로 풀어보는 **알프스 소녀 하이디**

지바 가오리 지음 | 남지연 옮김 | 224 쪽 | 14,000 원

하이디를 통해 살펴보는 19 세기 유럽사 !

『하이디』 라는 작품을 통해 19 세기 말의 스위스를 알아본다. 또한 원작자 슈피리의 생애를 교차시켜 『하이디』 의 세계를 깊이 파고든다. 『하이디』 를 읽을 사람은 물론, 작품을 보다 깊이 감상하고 싶은 사람에게 있어 좋은 안내서가 되어줄 것이다.

지중해가 낳은 천재 건축가 - 안토니오 가우디

이리에 마사유키 지음 | 김진아 옮김 | 232 쪽 | 14,000 원

천재 건축가 가우디의 인생, 그리고 작품

19 세기 말 ~20 세기 초의 카탈루냐 지역 및 그의 작품들이 지어진 바르셀로나의 지역사, 그리고 카사 바트요, 구엘 공원, 사그라다 파밀리아 성당 등의 작품들을 통해 안토니오 가우디의 생애를 본격적으로 살펴본다.

영국 귀족의 생활

다나카 료조 지음 | 김상호 옮김 | 192 쪽 | 14,000 원

영국 귀족의 우아한 삶을 조명한다

현대에도 귀족제도가 남아있는 영국. 귀족이 영국 사회에서 어떠한 의미를 가지고 또 기능하는지, 상세한 설명과 사진자료를 통해 귀족 특유의 화려함과 고상함의 이면에 자리 잡은 책임과 무게, 귀족의 삶 깊숙한 곳까지 스며든 '노블레스 오블리주' 의 진정한 의미를 알아보자.

요리 도감
오치 도요코 지음 | 김세원 옮김 | 384 쪽 | 18,000 원

요리는 힘! 삶의 저력을 키워보자 !!
이 책은 부모가 자식에게 조곤조곤 알려주는 요리 조언집이다. 처음에는 요리가 서툴고 다소 귀찮게 느껴질지 모르지만, 약간의 요령과 습관만 익히면 스스로 요리를 완성한다는 보람과 매력, 그리고 요리라는 삶의 지혜에 눈을 뜨게 될 것이다.

초콜릿어 사전
Dolcerica 가가와 리카코 지음 | 이지은 옮김 | 260 쪽 | 13,000 원

사랑스러운 일러스트로 보는 초콜릿의 매력!
나른해지는 오후, 기력 보충 또는 기분 전환 삼아 한 조각 먹게 되는 초콜릿 「초콜릿어 사전」은 초콜릿의 역사와 종류, 제조법 등 기본 정보와 관련 용어 그리고 그 해설을 유머러스하면서도 사랑스러운 일러스트와 함께 싣고 있는 그림 사전이다.

사육 재배 도감
아라사와 시게오 지음 | 김민영 옮김 | 384 쪽 | 18,000 원

동물과 식물을 스스로 키워보자!
생명을 돌보는 것은 결코 쉬운 일이 아니다. 꾸준히 손이 가고, 인내심과 동시에 책임감을 요구하기 때문이다. 그럴 때 이 책과 함께 한다면 어떨까? 살아있는 생명과 함께하며 성숙해진 마음은 그 무엇과도 바꿀 수 없는 보물로 남을 것이다.

판타지세계 용어사전
고타니 마리 감수 | 전홍식 옮김 | 248 쪽 | 18,000 원

판타지의 세계를 즐기는 가이드북!
온갖 신비로 가득한 판타지의 세계. 「판타지세계 용어사전」은 판타지의 세계에 대한 이해를 돕고 보다 깊이 즐길 수 있도록, 세계 각국의 신화, 전설, 역사적 사건 속의 용어들을 뽑아 해설하고 있으며, 한국어판 특전으로 역자가 엄선한 한국 판타지 용어 해설집을 수록하고 있다.

식물은 대단하다
다나카 오사무 지음 | 남지연 옮김 | 228 쪽 | 9,800 원

우리 주변의 식물들이 지닌 놀라운 힘!
오랜 세월에 걸쳐 거목을 말려 죽이는 교살자 무화과나무, 딱지를 만들어 몸을 지키는 바나나 등 식물이 자신을 보호하는 아이디어, 환경에 적응하여 살아가기 위한 구조의 대단함을 해설한다. 동물은 흉내 낼 수 없는 식물의 경이로운 능력을 알아보자.

세계사 만물사전
헤이본사 편집부 지음 | 남지연 옮김 | 444 쪽 | 25,000 원

우리 주변의 교통 수단을 시작으로, 의복, 각종 악기와 음악, 문자, 농업, 신화, 건축물과 유적 등, 고대부터 제 2 차 세계대전 종전 이후까지의 각종 사물 약 3000 점의 유래와 그 역사를 상세한 그림으로 해설한다.

그림과 사진으로 풀어보는 마녀의 약초상자
니시무라 유코 지음 | 김상호 옮김 | 220 쪽 | 13,000 원

「약초」라는 키워드로 마녀를 추적하다!
정체를 알 수 없는 약물을 제조하거나 저주와 마술을 사용했다고 알려진 「마녀」란 과연 어떤 존재였을까? 그들이 제조해온 마법약의 재료와 제조법, 마녀들이 특히 많이 사용했던 여러 종의 약초와 그에 얽힌 이야기들을 통해 마녀의 비밀을 알아보자.

고대 격투기
오사다 류타 지음 | 남지연 옮김 | 264 쪽 | 21,800 원

고대 지중해 세계의 격투기를 총망라!
레슬링, 복싱, 판크라티온 등의 맨몸 격투술에서 무기를 활용한 전투술까지 풍부하게 수록한 격투 교본. 고대 이집트·로마의 격투술을 일러스트로 상세하게 해설한다.

초콜릿 세계사
- 근대 유럽에서 완성된 갈색의 보석
다케다 나오코 지음 | 이지은 옮김 | 240 쪽 | 13,000 원

신비의 약이 연인 사이의 선물로 자리 잡기까지의 역사!
원산지에서 「신의 음료」라고 불렸던 카카오. 유럽 탐험가들에 의해 서구 세계에 알려진 이래, 19 세기에 이르러 오늘날의 형태와 같은 초콜릿이 탄생했다. 전 세계로 널리 퍼질 수 있었던 초콜릿의 흥미진진한 역사를 살펴보자.

에로 만화 표현사
키미 리토 지음 | 문성호 옮김 | 456 쪽 | 29,000 원

에로 만화에 학문적으로 접근하다!
에로 만화 주요 표현들의 깊은 역사, 복잡하게 얽힌 성립 배경과 관련 사건 등에 대해 자세히 분석해본다.

AK Trivia Book 57

알기 쉬운 인도 신화

초판 1쇄 인쇄 2019년 11월 10일
초판 1쇄 발행 2019년 11월 15일

저자 : 천축 기담
번역 : 김진희

펴낸이 : 이동섭
편집 : 이민규, 서찬웅, 탁승규
디자인 : 조세연, 김현승
영업 · 마케팅 : 송정환
e-BOOK : 홍인표, 김영빈, 유재학, 최정수
관리 : 이윤미

㈜에이케이커뮤니케이션즈
등록 1996년 7월 9일(제302-1996-00026호)
주소 : 04002 서울 마포구 동교로 17안길 28, 2층
TEL : 02-702-7963~5 FAX : 02-702-7988
http://www.amusementkorea.co.kr

ISBN 979-11-274-2914-0 03900

"ICHIBAN WAKARIYASUI INDO SHINWA" by Tenjikukitan
Copyright © 2019 Tenjikukitan
All rights reserved.
First published in Japan by Jitsugyo no Nihon Sha, Ltd., Tokyo

This Korean edition is published by arrangement with Jitsugyo no Nihon Sha, Ltd., Tokyo in
care of Tuttle-Mori Agency, Inc., Tokyo

이 도서의 국립중앙도서관 출판예정도서목록(CIP)은 서지정보유통지원시스템 홈페이지(http://
seoji.nl.go.kr)와 국가자료공동목록시스템(http://www.nl.go.kr/kolisnet)에서 이용하실 수 있습
니다.(CIP제어번호: CIP2019041031)

*잘못된 책은 구입한 곳에서 무료로 바꿔드립니다.